Jitsi
software *open source*
per videoconferenze

Strumenti in rete

Flavio Gallucci

Jitsi
software *open source*
per videoconferenze

Strumenti in rete
3

Flavio Gallucci

2020

Prima Edizione: dicembre 2020

ISBN: **978-1-716-39673-1**

Flavio Gallucci
Via S. Ottavio 50 - 10124 Torino TO
011 670.4750 - 328 22.654.33
flavio.gallucci@unito.it
flavio.gallucci@gmail.com

Immagine di copertina. *Strumenti in rete: penna, inchiostro, lente*.
Autore: Flavio Gallucci.

Indice

Jitsi Meet
da Web Browser

Capitolo 7
Opzioni avanzate

- Incorporare la videoconferenza in una pagina web
- Registrare la sessione
- Trasmettere in diretta la sessione

Jitsi Meet
da *App Android* e *iOS*

Capitolo 8
Jitsi Meet, dispositivi *Android* e *iOS*

- Installallare l'*app*
- Avviare l'*app*
- Schermata di accesso alla videoconferenza
- Impostazioni
- Schermata della videoconferenza
- Opzioni
- Chat
- Variazioni per *iOS*

Jitsi Server
sulla propria piattaforma web

Capitolo 9
Risorse per sviluppatori

- Architettura del progetto *Jitsi*
- Materiale documentale per l'installazione di un'*istanza Jitsi*

Capitolo 10
Debian e *Ubuntu Jitsi server*

- Prerequisiti per *server Debian* e *Ubuntu*
- Configurare un eventuale *firewall*
- DNS *Domain Name System*
- Certificati TLS/SSL
- Modificare il file "/etc/hosts"
- Installare *Nginx* e *Jitsi*
- Rimuovere il software

Sono o non sono?
Ho o non ho?
Sigh!

Posso!

Per aver avuto inizialmente
una tra le forma del pensiero

Per aver potuto accedere
al pensiero come facoltà

Ringrazio i miei cari
per questa eredità
successo in qualità di successione
reale e regale
in vita e invita

F.G.

Novembre 2020

"[…] Lascia i morti seppellire i loro morti"

Matteo 8.22

Prefazione

Il lavoro e la "meta-ricerca"

In qualità di TdR (Tecnico della Ricerca), presso il Dipartimento StudiUM (Studi Umanistici)[1] di UniTO (Università degli Studi di Torino),[2] curo il mio progetto "Strumenti in rete" orientato alla ricerca nell'ambito delle discipline umanistiche.

Introduco il termine "meta-ricerca", ovvero la ricerca sulla ricerca, e pongo una questione: quali sono gli strumenti di ricerca nell'ambito delle scienze umane? Ecco! Il lavoro del TdR, ricerca anch'esso nell'elaborazione di quel prefisso "meta-", inizia a configurare un sapere e la sua condivisione in ordine a subsidia e strumenti utili ai nostri attori preferiti.

Le pubblicazioni cartacee

Il lemma "pubblicazione", inteso nel suo supporto fisico come testo cartaceo, assume per me la sua accezione più ampia di testo elettronico (eBook), ipertesto, traducibile in un sito web, e audio/video.

La pubblicazione cartacea, a partire da un foglio bianco, ha permesso la meditazione in associazione libera sulla scaletta dei temi trattati, sulle loro relazioni e sugli eventuali sviluppi; passaggio conveniente per questa forma di pensiero e quasi un assioma di partenza per l'articolazione del lavoro. Queste le motivazioni per la scelta, in fase iniziale di progetto, della libro stampato.

a. *Il presente libro ha due pubblicazioni antecedenti: "Motori di ricerca"[3] e "Repertorio dei motori di ricerca".[4] Rappresentano un primo strumento per*

---

1. Dipartimento di Studi Umanistici [*https://www.studium.unito.it/do/home.pl*].
2. Unversità degli Studi di Torino [*https://www.unito.it/*].
3. Gallucci, Flavio, *Motori di ricerca*, Torino, Lulu, 2019, pp. 188.
4. Gallucci, Flavio, *Repertorio dei motori di ricerca*, Torino, Lulu, 2019, pp. 188.

acquisire e organizzare proficuamente informazioni dal web. Oltre a categorizzare circa 200 risorse, analizzano il funzionamento delle interrogazioni per 5 motori di ricerca: Google, per dovere di cronaca in quanto in regime di monopolio e SearX, Qwant, StartPage, DuckDuckGo caratterizzati da sicurezza e privacy. SearX, meta-motore open source, rende disponibile il codice sorgente e la possibilità di installare una sua istanza.

Questo materiale propone alcune domande:
- Come effettuare interrogazioni senza cadere in noiose ripetizioni e reiterazioni, esperienza conosciuta e frustrante?
- Quali sono le tecniche per salvare e rielaborare successivamente i risultati di una ricerca?
- Come trovare un documento specifico nel mare di internet, senza dover scorrere migliaia di risultati?
- Come raggiungere risorse in rete non classificate dai motori di ricerca "monopolisti" (Es. Google, Bing)?
- Infine, come direbbero nel mondo anglosassone "the last but not the least", ovvero ultima ma non meno importante domanda: come avere uno strumento orientato esclusivamente alla ricerca accademica?

b. *In prosecuzione della mia attività, ho approfondito i temi inerenti la ricerca di materiale accademico, "open document" e "open science", specificità degli argomenti più ampi offerti nei due volumi citati.*
Questo ultimo lavoro, ancora in corso d'opera (per gli amici anglisti: WIP Work In Progress), oltre a richiedere nuove competenze, presenta una messe di materiali non facilmente classificabili (Ad esempio nell'attribuzione di valore e attendibilità tra le varie fonti rinvenute per una singola disciplina).

c. *Il presente libro vorrebbe offrire un nuovo orizzonte sul software Jitsi, strumento principe per videoconferenze in attività seminariali, simposi, convegni, ecc. Disquisirò successivamente le ragioni fondanti la mia scelta.*

Il progetto e i suoi sviluppi: "meta-ricerca e strumenti in rete"

La gran parte della ricerca in ambito umanistico si svolge in rete e anche la nostra sede aurea, rintracciabile nella classica biblioteca, dispone i propri filoni online.

A partire dalle pubblicazioni cartacee, parte integrante del progetto "Strumenti in rete", ho in programma di condividere il sapere acquisto utilizzando anche altri supporti:

- Portale in rete (sito web).

- Pubblicazione in formato eBook.

- Video Documenti e streaming.

- Videoconferenze (seminari, incontri, simposi).

L'attuazione dei lavori richiede, come passaggio fondamentale e altrettanto documentabile, un contributo ad alto contenuto tecnologico.

- Ottenere un server in rete.

- Installare una piattaforma LAMP (Linux, Apache, Mysql, PHP).

- Installare un'istanza Jitsi.

- Installare il meta-motore SearX.

In questi ultimi anni ho condotto ricerche sul software open source e prediligo Linux, un sistema operativo surclassante di gran lunga i suoi concorrenti commerciali. Ispirato dal progetto LFS (Linux From Scratch)[5], mantengo una mia distribuzione interamente compilata da sorgenti.

---

5. LFS (*Linux From Scratch*), [*http://www.linuxfromscratch.org/lfs/*].

A chi è rivolto il progetto

Considero lavori seminariali e di incontro, mediati dall'utilizzo della piattaforma Jitsi , strumenti volti alla condivisione del sapere.

Un invito alla partecipazione, a queste attività in divenire, per il pubblico interessato (studenti, docenti e altri comuni mortali) e un buon auspicio di proficua collaborazione con realtà associative, nell'intento di condividere gli obiettivi del progetto.

Perchè Jitsi

Alcune ragioni per la scelta di Jitsi:

- software open source;

- installabile su un proprio server;

- modificabile e personalizzabile;

- semplice nell'utilizzo, efficace e scalabile;

- muti-piattaforma, disponibile per web browser, app Android e iOS.

Più di cosi!

Premessa

Articolazione del testo

Il testo è strutturato in due parti: la prima tratta l'utilizzo dell'applicativo *Jitsi Meet* e la seconda cura l'installazione della piattaforma *Jitsi* per avere un'istanza sul proprio *server*.

La prima parte propone tre linee guida reciprocamente interdipendenti:
- disposizione grafica degli elementi nell'applicativo *client Jitsi Meet*;
- ruoli e funzioni dei partecipanti all'interno di una sessione di videoconferenza;
- installazione e configurazione dei dispositivi.

Jitsi Meet

a. Disposizione grafica e opzioni di *Jitsi*

Gli elementi grafici (icone, menù e voci di menù, caselle), rappresentati da immagini, sono richiamati nel testo e nelle note a piè di pagina per maggiore chiarezza esemplificativa.

b. Ruoli e funzioni in una sessione di videoconferenza

La impiego efficace di *Jitsi* richiede confidenza nell'approccio ad una sessione di videoconferenza, quindi l'osservanza di regole minime per una buona riuscita.

Il testo adotta criteri di distinzione tra funzioni e ruoli: uditore, relatore, moderatore, ma anche tecnico (sviluppatore per la seconda e ultima parte del libro). Alcune opzioni di *Jitsi*, quali registrazione, dirette e incorporamento nei siti web, richiedono competenze specifiche (come descritto nel "Capitolo 7. *Opzioni avanzate*). In questo caso è necessaria la conoscenza e a volte l'installazione di programmi complementari.

c. Dispositivi

Jitisi Meet è multi-piattaforma; sebbene le opzioni offerte siano sempre identiche, metodi di accesso e installazione differiscono per *Desktop* (da *web browser*), dispositivi mobili *Android* e *iOS* (tramite *app*).

Server Jitsi

d. Installazione di un'istanza *Jitsi* sul proprio *web server*.

Avere una propria istanza *Jitsi* consente modifiche e personalizzazioni delle opzioni (ad esempio di moderazione), piena disponibilità del servizio (altrimenti aperto, tramite le istanze ufficiali, a tutto il pubblico della rete *internet*).

Requisti indispensabili sono l'acquisizione di un *server* e competenze tecniche avanzate (identificate nel ruolo di sviluppatore) necessarie per installazione, configurazione e manutenzione.

Indicazioni tipografiche

```
Sezioni o parti
- Allineamento:          centrato
- Grandezza carattere:   16
- Stile carattere:       neretto
- Distanza dalla testata 3 linee 16 px
```

Esempio 1. Sezione o parte.

Jitsi Meet
premesse e *netiquette*

```
Capitoli
- Allineamento:          sinistra
- Grandezza carattere:   16
- Stile carattere:       neretto
- Riga: spessore         0,15 pt
- Bordi dx/sx/alto/basso: 0,20 cm dx, sx, alto basso
- Distanza dalla testata 3 linee 16 px
```

Esempio 2. Numero e titolo capitolo.

Capitolo 1

Buona norma ... *Netiquette*

```
Paragrafi
- Allineamento:          sinistra
- Grandezza carattere:   11
- Stile carattere:       neretto
- Riga: spessore         1,15 pt
- Bordi dx/sx/alto/basso: 0,20 cm dx, sx, alto basso
```

Esempio 3. Paragrafi.

Impostazioni e verifiche

```
Sottoparagrafi
- Allineamento:             sinistra
- Grandezza carattere:      11
- Stile carattere:          neretto
```

Esempio 4. Sottoparagrafi.

Dispositivi audio e video

```
Sotto-sottoparagrafi
- Allineamento:             sinistra
- Grandezza carattere:      10
- Bordi dx/sx/alto/basso:   0,20 cm dx, sx, alto basso
```

Esempio 5. Sotto-sottoparagrafi.

Configura *Jitsi Meet*

```
Titoli immagine
- Allineamento:             sinistra
- Grandezza carattere:      8
- Stile carattere:                    neretto
- Distanza immagine         1 linea
Immagine
- Allineamento:             centrata
- Spessore linea riquadro   0,30 pt
- Rientro dal bordo                   0,10 cm
- Scorrimento del testo     nessuno
```

Esempio 6. Titolo immagine.

Immagine 1. Indirizzo nella barra dell'URL.

```
Testata
- Allineamento:             numero pagina dispari dx, numero e titolo capitolo sx
                            numero pagina pari sx, titolo sezione o parte dx
- Grandezza carattere:      7
- Stile carattere:          corsivo
- Colore:                   sfondo numero pagina grigio scuro 4
(Omissione dei numeri nelle pagine di sezione e capitolo)
```

Esempio 7. Testata.

Capitolo 3. Dentro la videoconferenza 29

30 *Jitsi Meet da Web Browser*

```
Piè di pagina
- Allineamento:          sinistra
- Grandezza carattere:   7
- Stile carattere:       corsivo
  titoli di capitoli, immagini, voci Wikipedia, [ URL ], nomi propri e stranieri

Termini particolari
- Idem                   rimando a note identiche
- Cfr.                   richiamo da un'altra nota

Segni di delimitazione
[ ]                      le parentesi quadre racchiudono i singoli URL
.                        il punto segue il numero di nota in più di pagina
```

Esempio 8. Piè di pagina.

32. Vedi Immagine 17, *Icone Visualizza, Invita, Sicurezza, Opzioni*, p. 30.
33. Cfr. Capitolo 5. *Strumenti per lavoratori*, "Condividere il desktop", p. 42.
Cfr. nota 33.
34. Wikipedia, *Indirizzo IP*, [*https://it.wikipedia.org/wiki/Indirizzo_IP*].
35. Framatalk, *List of Jitsi Meet instances*, [*https://framatalk.org/accueil/en/info/*].
36. Idem nota 33.

```
Comandi
- Allineamento:          sinistra
- Carattere              Liberation Sans Mono
- Grandezza carattere:   7
- Bordi dx/sx/alto/basso: 0,30 cm dx, sx, alto basso
- Colore sfondo          grigio chiaro 5
```

Esempio 9. Comandi.

```
apt install gnupg2 -y
apt update
```

```
Corpo del testo
- Grandezza carattere:   8
```

Rimandi alle note a più di pagina
Il numero, all'interno del corpo del testo, di rimando alla nota è inserito sempre dopo
l'eventuale punteggiatura.

In generale per tutta la pagina

Caratteri utilizzati: Liberation Sans, Liberation Mono (quando specificato)
Colore carattere: **grigio scuro 4**

URL
- Allineamento: sinistra
- Stile carattere: corsivo

Esempio 10. URL.

Istanza ufficiale di *Jitsi, https://meet.jit.si*

Estensione acronimi, abbreviazioni e sigle
- Stile carattere: corsivo
Segni di delimitazione
( )   le parentesi tonde delimitano l'estensione
L'acronimo viene esteso solo per la prima occorrenza

Esempio 11. Acronimo.

Ottenere un nome di dominio o FQDN *(Fully Qualified Domain Name)*

Nomi propri e stranieri
- Stile carattere: corsivo

Esempio 12. Nome straniero e nome proprio.

Aggiorna i *repository* e imposta il protocollo per le comunicazioni con il *server Ubuntu*.

Doppi apici
" "   delimitano titoli di paragrafo,
                             nomi di caselle, pulsanti, tasti

---

Esempio 13. Titolo paragrafo.

33. Cfr. Capitolo 5. *Strumenti per lavoratori*, "Condividere il desktop", p. 42.

Esempio 14. Nome casella.

La casella "Avvia una conferenza" è predisposta per l'inserimento di un nome univoco preventivamente concordato

Esempio 15. Nome pulsante.

Le opzioni riconducibili ai pulsanti "Recente" e "Calendario" consentono rispettivamente di scorrere la cronologia delle videoconferenze e di sincronizzare gli appuntamenti

Esempio 16. Nome tasto.

35. Tasto "M". Attiva o disattiva il microfono.

Introduzione

Cos'è *Jitsi*?

Jitsi è un progetto *open source*[6] dedicato ai servizi di videoconferenza. *Jitsi Meet* è il lato *client* della piattaforma.

Documentazione

La pagina web principale, contenente informazioni e documenti,[7] è raggiungibile all'URL (*Uniform Resource Locator*):

https://jitsi.org/

Istanze *Jitsi Meet*

I servizi di videoconferenza sono disponibili tramite accesso ad "istanze", ovvero server in rete corredati della piattaforma *Jitsi*.
L'URL dell'istanza ufficiale è

https://meet.jit.si

Altre istanze,[8] localizzate geograficamente, in alcuni casi con configurazioni differenti, possono venire utilizzate in modo analogo a quella ufficiale.

---

6. Il software *open source*, fornendo il codice sorgente, a differenza del software proprietario (paragonabile ad una tesi senza citazione delle fonti), si presta ad adattamenti, personalizzazioni e favorisce la circolazione del sapere. La disponibilità del software proprietario è vincolata a una serie di limitazioni, fatto salvo il pagamento delle licenze proposte dalle case produttrici, senza possibilità di intervento per apportare migliorie. Questa considerazione non pregiudica la validità e l'impiego di software proprietario in contesti aziendali con concezione verticistica del lavoro.
Wikipedia, *Open source*, [*https://it.wikipedia.org/wiki/Open_source*].
7. Informazioni e documenti:
- Guida ufficiale di *Jitsi*, [*https://jitsi.github.io/handbook/docs/intro*].
- Wiki (deprecato), [*https://github.com/jitsi/jitsi-meet/wiki*].
8. Elenchi di istanze:
- *Jitsi Meet Instances*, [*https://github.com/jitsi/jitsi-meet/wiki/Jitsi-Meet-Instances*].
- ADN56, *Les outils*, [*https://adn56.net/wiki/index.php?title=La_visio_conf%C3%A9rence#Les_outils*].
- Framatalk, *List of Jitsi Meet instances,* [*https://framatalk.org/accueil/en/info/*].
- Chaos Computer Club, *Plubic pad,* [*https://pads.ccc.de/jitsiliste*].
- favstarmafia, *Jitsi Instanzen,* [*https://fediverse.blog/~/DonsBlog/videochat-server*].
- flavoursofopen, *community-run jit.si istances,* [*https://hackmd.io/Vl23_E0mQ6abyoN9GFORww*].

Jitsi Meet
premesse e *netiquette*

Capitolo 1

Buona norma … *Netiquette*

Funzioni e ruoli di riferimento

L'istanza pubblica di *Jitsi Meet* mette i partecipanti sullo stesso livello, accordando privilegio di accesso a tutte le funzioni[9].
Lo svolgimento proficuo di una videoconferenza trova realizzazione nella distinzione di ruoli e compiti tra partecipanti.
Il testo categorizza elementarmente ruoli e funzioni al fine di fare luce sul funzionamento della piattaforma *Jitsi*.
Alcune compiti, svolti dalle figure del tecnico e dello sviluppatore, non prevedono un coinvolgimento diretto in videoconferenza, in quanto attività preparatoria del lavoro.

Partecipante[10]
I partecipanti designano l'insieme delle persone presenti in una sessione di videoconferenza e assumono ruoli quali: uditore, relatore e moderatore.

Relatore[11]
Il relatore espone il discorso, dispone di alcune opzioni per condividere materiali di supporto, possibilmente invia in anticipo un *abstract*, concorda tempi di intervento e dibattito sui temi trattati.

Moderatore[12]
Il moderatore invita le persone, definisce eventuali misure di sicurezza, rammenta le regole di partecipazione, controlla i tempi di intervento dei relatori e media il dibattito col pubblico.

Tecnico[13]
Il tecnico installa, predispone e utilizza il software necessario per registrazioni, dirette e incorporazione delle conferenze su *social* e portali web di interesse.

Sviluppatore[14]
Lo sviluppatore installa, configura e mantiene un server ospitante il progetto *Jitsi*.

---

9. Unica eccezione è l'impostazione di una password di accesso, modificabile solo dai membri già all'interno della videoconferenza.
L'apporto di modifiche e personalizzazioni richiede l'installazione di una propria istanza *Jitsi*.
Cfr. Capitolo 9. *Risorse per sviluppatori*, p. 89.
10. Cfr. Capitolo 4. *Strumenti per partecipanti*, p. 45.
11. Cfr. Capitolo 5. *Strumenti per relatori*, p 53.
12. Cfr. Capitolo 6. *Strumenti di amministrazione per il moderatore*, p 61.
13. Cfr. Capitolo 7. *Opzioni avanzate*, p. 65.
14. Cfr. Capitolo 9. *Risorse per sviluppatori*, p 89.

Impostazioni[15] e verifiche

Web browser

Gli svilppatori *Jitsi*, progetto in continuo divenire, consigliano l'utilizzo di *Jitsi Meet* (*client*) con i browser *Chromium*[16] (*open source*) e *Google Chrome*.[17]

Dati personali[18]

La partecipazione ad una sessione di videoconferenza richiede l'inserimento preventivo di alcuni dati:
- **nome e cognome**, al fine di favorire i rapporti, referenziano richieste di intervento, scambi di opinioni in *chat*, ecc.;
- **email**, per eventuali contatti e aggiornamenti sugli eventi.

Altre opzioni utili

- **Lingua**. *Jitsi Meet* presenta titoli, voci di menù e aiuti contestuali nella lingua prescelta.[19]
- **Calendario**. L'attivazione di *Google Calendar* consente aggiornamenti per appuntamenti ed eventi futuri.[20]

Dispositivi audio e video[21]

Ha fondamentale importanza la selezione dei dispositivi audio e video, nominati anche periferiche.

- Periferiche di ingresso (input): videocamera e microfono.
- Periferiche di uscita (output): cuffie e altoparlanti.

In caso di più dispositivi dello stesso genere, come ad esempio due microfoni, uno integrato nella videocamera e un altro in dotazione con le cuffie (stesso discorso per altoparlanti e cuffie), è necessario impostarne uno e procedere alla verifica del corretto funzionamento.

---

15. Il menù delle impostazioni è raggiungibile sia all'interno della sessione, sia prima della connessione.
Cfr. Capitolo 2. *Configurazione e connessione*, "Impostazioni e configurazione", p. 34.
Vedi Immagine 17, *Menù opzioni*, p. 43.
16. *Chromium* browser, [*https://www.chromium.org/Home*].
17. *Google Chrome*, [*https://www.google.it/intl/it/chrome/*].
18. Vedi Immagine 6, *Impostazioni. Profilo*, p. 35.
19. Vedi Immagine 8, *Impostazioni. Altro*, p. 36.
20. Vedi Immagine 3, *Calendario e cronologia*, p. 33.
Vedi Immagine 7, *Impostazioni. Calendario*, p. 36.
21. Vedi Immagine 5, *Impostazione. Dispositivi*, p. 35.
Vedi Immagine 19, *Dispositivi e disconnessione*, p. 46.

Netiquette in videoconferenza[22]

Microfono muto[23]

Tutti i partecipanti, ad eccezione di chi detiene la parola in un dato momento, hanno il microfono silenziato e lo riattivano solo in caso di intervento.
I microfoni attivi riverberano in conferenza tutti i rumori ambientali di sottofondo.
Il moderatore può disattivare microfono e video per tutti i partecipanti.[24]
Un numero esiguo di partecipanti non richiede necessariamente il microfono muto.

Video disabilitato[25]

La videocamera viene disattivata al verificarsi di alcune condizioni:
- regole stabilite a priori;
- scarsa qualità di video e connessione.[26]
In quest'ultimo caso, prima del passaggio alla modalità "solo audio", è possibile scalare la definizione video da alta a standard e bassa.[27]

Chat[28]

La *chat* serve per l'invio di messaggi, singolarmente o a tutti i partecipanti, al fine di esprimere opinioni, chiedere chiarimenti e porre domande sulle tematiche trattate dai relatori, sollecitando così il dibattito.

Chiedere la parola[29]

I partecipanti chiedono la parola per alzata di mano, avendo cura di riattivare audio e video.
Il moderatore media gli interventi.

Feedback[30]

In fase conclusiva i partecipanti possono esprimere un giudizio sulla videoconferenza.

---

22. Vedi Immagine 18. *Scorciatoie da tastiera*, p. 44.
23. Vedi Immagine 10. *"Pre meeting screen"*, p. 38.
Vedi Immagine 11. *Microfono e videocamera abilitati*, p. 38.
Vedi Immagine 10. *Microfono e videocamere disabilitati*, p. 38.
Vedi Immagine 15. *Icone Microfono, Esci, Videocamera*, p. 42.
24. Vedi Immagine 37. *Impostazioni. Altro*, p. 62.
Vedi Immagine 38. *Disabilita il microfono di tutti i partecipanti*, p. 62.
25. Vedi Immagine 37. *Impostazioni. Altro*, p. 62.
26. Vedi Immagine 13. *Controllo della qualità di video e connessione*, p. 41.
Cfr. Capitolo 4. *Strumenti per partecipanti*, "Parametri di connessione", p. 48.
27. Cfr. Capitolo 4. *Strumenti per partecipanti*, "Qualità video", p. 47.
28. Cfr. Capitolo 4. *Strumenti per partecipanti*, "*Chat*", p. 51.
Vedi Immagine 14. *Icone Chat, Condividi, Alza la mano*, p. 42.
29. Cfr. Capitolo 4. *Strumenti per partecipanti*, "Alzare la mano per chiedere la parola", p. 50.
30. Capitolo 4. *Strumenti per partecipanti*, "Valutare la videoconferenza", p. 52.

Jitsi Meet
da *Web Browser*

Capitolo 2

Configurazione e connessione

Portale del servizio *Jitsi Meet*

L'utilizzo di *Jitsi Meet,* tramite i *web browser* consigliati *Chromium* (*open source*) e *Google Chrome*,[31] avviene digitando nella barra degli URL l'indirizzo di un'istanza,[32] in questo caso quella ufficiale, e cliccando il tasto invio.

Istanza ufficiale:

https://meet.jit.si/

Immagine 1. Indirizzo nella barra dell'URL.

---

31. Idem note 16 e 17.
32. Cfr. *Introduzione*, "Istanze Jitsi", p. 22.

Immagine 2. Pagina di accesso a *Jitsi Meet*.

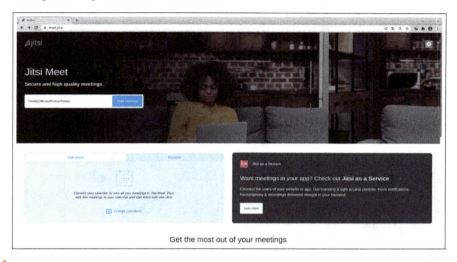

Immagine 3. Calendario e cronologia.
Le opzioni riconducibili ai pulsanti "Recente" e "Calendario" consentono rispettivamente di scorrere la cronologia delle videoconferenze e di sincronizzare gli appuntamenti, quindi visualizzare gli eventi, attraverso il calendario di *Google*.

Impostazioni e configurazione[33]

La rotellina in alto a destra apre la finestra delle impostazioni, contenente alcune voci di configurazione.

- *Dispositivi: Videocamera, Microfono, Uscita audio e Riproduci un suono di prova.*
- *Profilo: Imposta il nome da visualizzare, Imposta la mail.*
- *Calendario.*
- *Altro: Pre meeting (Enable pre meeting screen), Lingua.*

Immagine 4. Rotellina impostazioni.

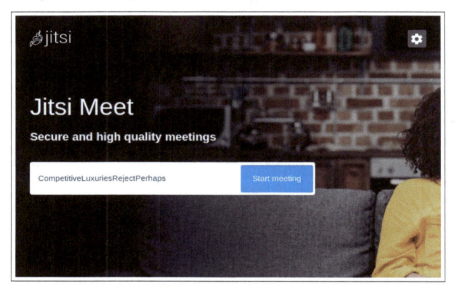

---

33. L'opzione "Impostazioni" è raggiungibile, all'interno della sessione di videoconferenza, cliccando sulla voce di menù omologa.
Vedi Immagine 18. *Menù Opzioni*, p. 43.

Immagine 5. Impostazioni. Dispositivi.
Configura e prova i dispositivi selezionando le singole voci:
Videocamera, Microfono, Uscita audio e Riproduci un suono di prova.

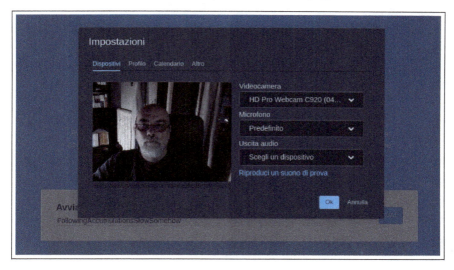

Immagine 6. Impostazioni. Profilo.
Inserisce nome, cognome e indirizzo mail per la visibilità dei partecipanti.

Immagine 7. Impostazioni. Calendario.
Sincronizza o disconnette il calendario di *Google*.

Immagine 8. Impostazioni. Altro.
Abilita la schermata di verifica,[34] per il collegamento alla videoconferenza, e seleziona la lingua predefinita.

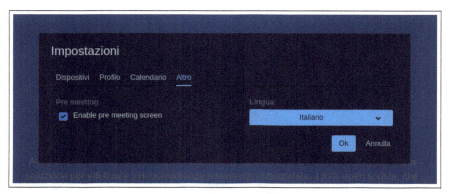

---

34. Vedi Immagine 10, *"Pre meeting screen"*, p. 38.

Connessione in videoconferenza

La casella "Avvia una conferenza" è predisposta per l'inserimento di un nome univoco preventivamente concordato (ad es. *CorpusMidia*). La creazione o l'entrata in una sessione di videoconferenza esistente avvengono cliccando sul pulsante "*Start meeting*".
Ha rilevanza la scelta del "nome univoco", al fine di evitare sovrapposizioni con altre videoconferenze esistenti.
La stanza virtuale rimane attiva solo per la durata della sessione e quindi cessa di esistere all'uscita dell'ultimo partecipante.
È raccomandabile effettuare l'accesso con microfono e videocamera spenti, salvo altre indicazioni da parte del moderatore. Questa accortezza, in caso di scarsità di banda o molti partecipanti, consente una connessione più efficace.[35]

Immagine 9. Avvia nuova conferenza.
Casella per l'inserimento del nome univoco di accesso alla videoconferenza.

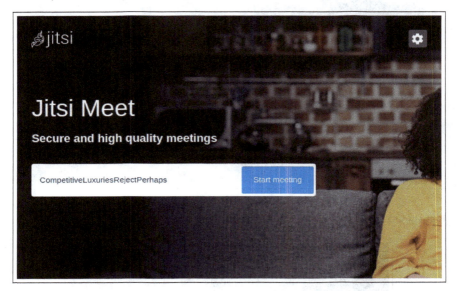

---

35. Cfr. Capitolo 1. *Buona norma … Netiquette*, "*Netiquette* in videoconferenza", p. 28.

Immagine 10. "*Pre meeting screen*".
Strumento utile, se abilitato,[36] per verificare ulteriormente le impostazioni (nome e cognome, microfono e videocamera), copiare e condividere l'indirizzo della videoconferenza. Infine la connessione avviene cliccando sul tasto "*Join meeting*".

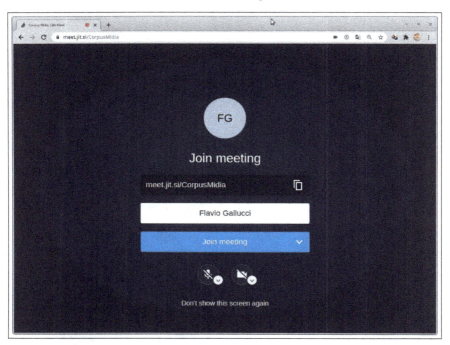

Immagine 11. Microfono e videocamera abilitati (dopo aver cliccato sulle icone).

---

36. Vedi Immagine 8. *Impostazioni. Altro*, p. 36.

Capitolo 3

Dentro la videoconferenza

Schermata della videoconferenza

Immagine 12. Schermata della videoconferenza.

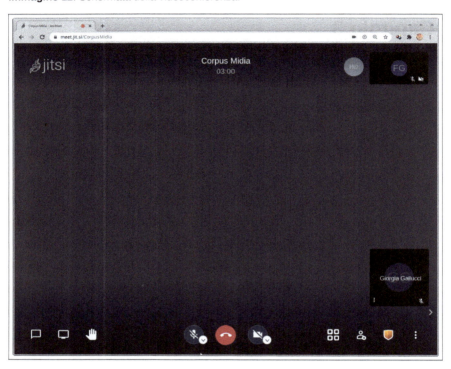

Un pulsante azzurro "*Invite more people*" compare in caso di unico o primo partecipante e ha la stessa funzione della terza icona in basso a partire da destra (Invita).[37]

---

37. Vedi Immagine 16, *Icone Visualizza, Invita, Sicurezza, Opzioni*, p. 42.

Icona di controllo per qualità video e connessione

L'elenco dei partecipanti è visualizzato graficamente da rettangoli contenenti: nome cognome, simboli di microfono e videocamera (contrassegnati come accesi o spenti) e icona per il controllo di qualità video e connessione.

Immagine 13. Controllo della qualità di video e connessione.

La freccia in basso a destra, se cliccata, nasconde o visualizza la barra laterale dei partecipanti, mutando rispettivamente in segno di maggiore o minore e viceversa.
In alto, nella parte laterale destra della finestra, è presente un cerchio contrassegnato da due lettere, indicanti la qualità video impostata:
- AUD, solo audio
- HD, *High Definition*
- SD, *Standard Definition*
- LD, *Low Definition*

Barra delle icone

La barra delle icone occupa la parte bassa della finestra. Ogni icona corrisponde ad una o più opzioni.[38]

Immagine 14. Icone *Chat, Condividi, Alza la mano.*

Prime tre icone in basso a sinistra.
A partire da sinistra:
- Apre/chiude la *chat*[39] ["C"][40]
- Condivide lo schermo[41]
- Segnala la richiesta di parola[42] ["R"]

Immagine 15. Icone *Microfono, Esci, Videocamera.*[43]

Icone centrali in basso.
A partire da sinistra:
- Imposta microfono e altoparlanti ["M"]
- Esce dalla videoconferenza
- Imposta la videocamera ["V"]

Immagine 16. Icone *Visualizza, Invita, Sicurezza, Opzioni.*

Ultme icone in basso a destra.
A partire da sinistra:
- Modalità di visualizzazione[44] ["W"]
- Apre/chiude *Invita altre persone*[45]
- Apre/chiude *Opzioni di sicurezza*[46]
- Apre/chiude il menù opzioni[47]

---

38. Il testo, oltre a seguire la disposizione grafica degli oggetti (icone, simboli, menù, ecc.), è articolato a partire da ruoli, identificati nell'utilizzo di *Jitsi*, con attribuzione di specifiche funzioni.
Cfr. Capitolo 1. *Buona norma ... Netiquette*, "Funzioni e ruoli di riferimento", p. 26.
39. Vedi Immagine 26. *Chat*, p. 51, (ruolo: partecipante).
40. Le lettere indicate tra parentesi quadre indicano le scorciatoie da tastiera.
Vedi Immagine 18, *Scorciatoie da tastiera*, p. 44.
41. Cfr. Capitolo 5. *Strumenti per lavoratori*, "Condividere il desktop", p. 54, (ruolo: relatore).
42. Vedi Immagine 24. *Mano alzata*, p. 50, (ruolo: partecipante).
43. Vedi Immagine 19, *Dispositivi e disconnessione*, p. 46, (ruolo: partecipante).
44. Cfr. Capitolo 4. *Strumenti per partecipanti*, "Modalità di visualizzazione", p. 49, (ruolo: partecipante).
45. Apre la finestra *Invite more people*.
Cfr. Capitolo 5. *Strumenti di amministrazione per il moderatore*, "Invitare altre persone", p. 64, (ruolo: moderatore).
46. Apre la finestra *Security options*.
Vedi Immagine 39. *Sicurezza*, p. 63, (ruolo: moderatore).
47. Cfr. "Menù delle opzioni", p. 43.

Menù delle opzioni

Immagine 17. Menù opzioni.[48]

---

48. Vedi Immagine 16. *Visualizza, Invita, Sicurezza, Opzioni*, p. 42.
Attribuzione dei ruoli alle voci del *menù opzioni*.
- *Flavio Gallucci*   Partecipanti (Vedi Immagine 6, p. 35).
- *Gestione della qualità video*   Partecipanti (Vedi Immagine 20, p. 47).
- *Inizia una diretta*   Moderatore (Vedi Immagine 44, p. 68).
- *Inizia a registrare*   Moderatore (Vedi Immagini 42 e 43, p. 67).
- *Condividi un video YouTube*   Relatori (Vedi Immagine 35, p. 60).
- *Impostazioni*   Partecipanti (Vedi Immagine 37, p. 62).
- *Mute everyone*   Moderatore (Vedi Immagine 38, p. 62).
- *Statistiche dell'interlocutore*   Relatori (Vedi Immagine 36, p. 60).
- *Embed meeting*   Moderatore (Vedi Immagine 41, p. 66).
- *Lascia un feedback*   Partecipanti (Vedi Immagine 27, p. 52).
- *Visualizza scorciatoie*   Partecipanti (Vedi Immagine 18, p. 44).

Scorciatoie da tastiera

Immagine 18. Scorciatoie da tastiera[49]

Capitolo 4

Strumenti per partecipanti

Dispositivi e disconnessione

Controlla i dispositivi:
- microfono, altoparlanti (prima icona in basso a partire da sinistra)
- videocamera (terza icona in basso a partire da sinistra)

Disconnette dalla videoconferenza:
- simbolo rosso del telefono (icona in basso centrale)

Immagine 19. Dispositivi e disconnessione.
Imposta microfono, altoparlanti, videocamera e chiude la sessione.[50]

50. Vedi Immagine 15, *Icone Chat, Condividi, Alza la mano*, p. 42.
Vedi Immagine 18. *Scorciatoie da tastiera*, p. 44.
- Tasto "M". Attiva o disattiva microfono.
- Tasto "V". Accendi o spegni videocamera.

Qualità video

Alcuni parametri, quali caratteristiche della connessione, numero di partecipanti, videocamera e microfono attivi, incidono sulla qualità del video.[51]

Impostare la qualità del video selezionando quattro modalità:
- AUD, solo audio
- LD, *bassa definizione*
- SD, *definizione standard*
- HD, *Alta definizione*

Immagine 20. Qualità video.[52]

51. Vedi Immagine 13, *Controllo della qualità di video e connessione*, p. 41.
Vedi Immagine 18, *Scorciatoie da tastiera*, p. 44.
- Tasto "A". Imposta qualità video.
52. Vedi Immagine 17. *Menù opzioni*, p. 43.

Parametri di connessione

Posizionando il mouse sul riquadro di un partecipante e cliccando sull'icona presentata (scompare spostando il mouse) vengono visualizzati i parametri e le informazioni relative alla connessione.[53]

Immagine 21. Controllo della qualità di video e connessione.

Modalità di visualizzazione[54]

Immagine 22. Partecipanti riquadrati nella barra laterale.
Il relatore è in primo piano.

Immagine 23. Partecipanti suddivisi in riquadri per l'ampiezza dello schermo.
La finestra del relatore viene evidenziata con una cornice blu.

---

54. Vedi Immagine 16. *Icone Visualizza, Invita, Sicurezza, Opzioni*, p. 42.
La quarta icona in basso a partire da destra cambia la modalità di visualizzazione.
Vedi Immagine 18. *Scorciatoie da tastiera*, p. 44.
- Tasto "W". Vedi tutti i partecipanti insieme o uno solo.

Alzare la mano per chiedere la parola

Il moderatore, avendo concordato i tempi di esposizione dei relatori, definisce una scaletta degli interventi a cura dei partecipanti, prestando attenzione alla cronologia delle "alzate di mano".[55]

Immagine 24. Mano alzata.

Immagine 25. Mano cliccata e segno mano alzata nel riquadro del partecipante.

---

55. Vedi Immagine 14, *Icone Chat, Condividi, Alza la mano*, p. 42.
La richiesta di intervento viene attivata o disattivata cliccando sulla terza icona in basso a partire da sinistra.
Vedi Immagine 18. *Scorciatoie da tastiera*, p. 44.
- Tasto "R". Alza o abbassa la mano.

Chat

Risorsa utile per inoltrare messaggi singolarmente o a tutti i partecipanti.
Il moderatore annota le domande ai relatori espresse in *chat*.[56]

Immagine 26. *Chat*.

56. Vedi Immagine 14, *Icone Chat, Condividi, Alza la mano*, p. 42.
Capitolo 1. Buona norma ... Netiquette, "Netiquette in videoconferenza", p. 28.
Vedi Immagine 18. *Scorciatoie da tastiera*, p. 44.
- Tasto "C". Apre o chiude la *chat*.

Valutare la videoconferenza

Il numero di stelle selezionate e il *feedback*, riportato nell'apposito riquadro, rappresentano l'indice di gradimento della conferenza espresso dai partecipanti.

Immagine 27. Valuta la videoconferenza.[57]

Capitolo 5

Strumenti per relatori

Le risorse classificate in questa categoria raccolgono le opzioni utili alla condivisione di contenuti presenti sulla postazione di lavoro e in rete.

Condividere il desktop[58]

Questa opzione condivide lo schermo (o gli schermi). Il relatore, nell'esposizione del discorso, si avvale di materiali visibili da tutti i partecipanti.

Jitsi Meet offre diverse modalità di condivisione:
- schermo intero
- finestra di un'applicazione
- scheda del web browser

Immagine 28. Condivide lo schermo intero.

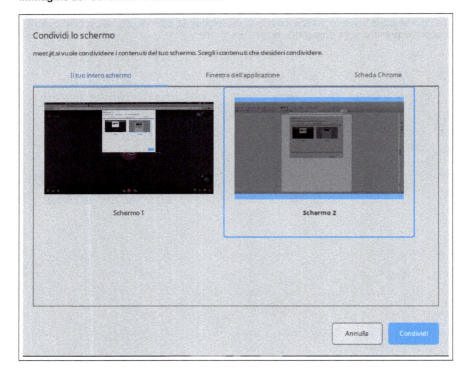

---

58. Vedi Immagine 14. *Icone Chat, Condividi, Alza la mano*, p. 42.
Vedi Immagine 18. *Scorciatoie da tastiera*, p. 44.
- Tasto "D". Cambia modalità tra videocamera e condivisione schermo.

Immagine 29. Risultato della condivisione di uno o più schermi.

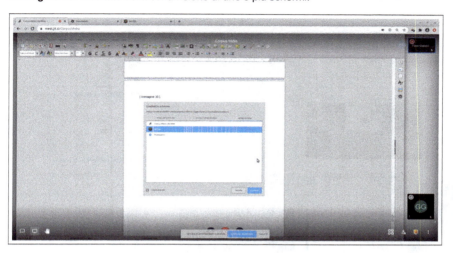

Immagine 30. Condivide la finestra dell'applicazione.

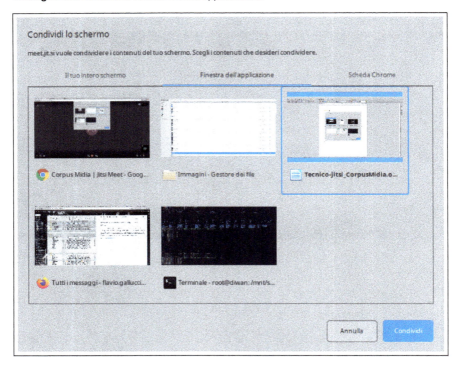

Immagine 31. Risultato della condivisione di un'applicazione.

Immagine 32. Condivide la scheda *Chrome*.

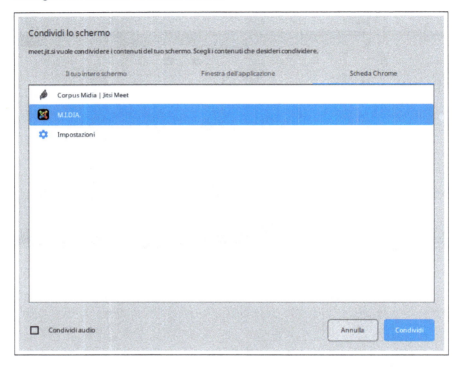

Immagine 33. Risultato della condivisione di una scheda del *browser Chrome*.

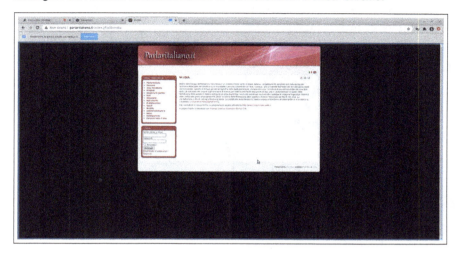

Immagine 34. Interrompe la condivisione.

Condividere video *YouTube*

Immagine 35. Condivide video *YouTube*.[59]

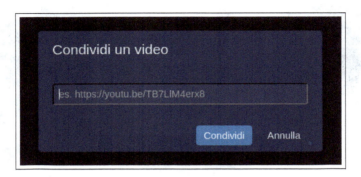

Statistiche del relatore

Immagine 36. Statistiche del relatore.[60]

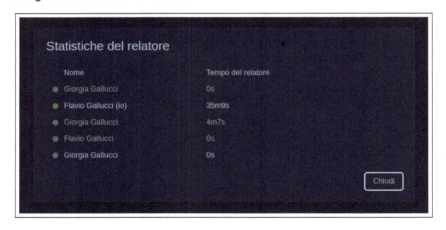

---

59. *YouTube*, [*https://www.youtube.com/?hl=it&gl=IT*].
Vedi Immagine 17. *Menù opzioni*, p. 43.
60. Vedi Immagine 17. *Menù opzioni*, p. 43.
Vedi Immagine 18. *Scorciatoie da tastiera*, p. 44.
- Tasto "T". Mostra statistiche.

Capitolo 6

Strumenti di amministrazione per il moderatore

La funzione di moderatore comprende i compiti seguenti:
- invitare i partecipanti;
- controllare i tempi di intervento dei relatori;
- mediare per le richieste di parola dei partecipanti;
- rammentare le norme per la partecipazione;
- definire eventuali misure di sicurezza per l'accesso alla videoconferenza.

Controllare microfoni e videocamere dei partecipanti

Immagine 37. Impostazioni. Altro.[61]

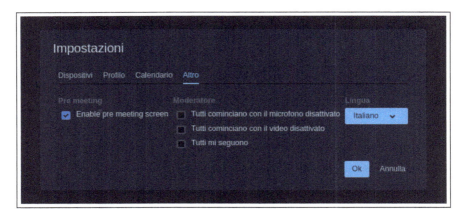

Immagine 38. Disabilita il microfono di tutti i partecipanti.[62]

---

61. Vedi Immagine 17. *Menù opzioni*, p. 43.
62. Idem nota 61.

Approvazione del moderatore e password

Immagine 39. Opzioni di Sicurezza.[63]
La prima opzione richiede la partecipazione previo approvazione del moderatore, la
seconda imposta una password di accesso.

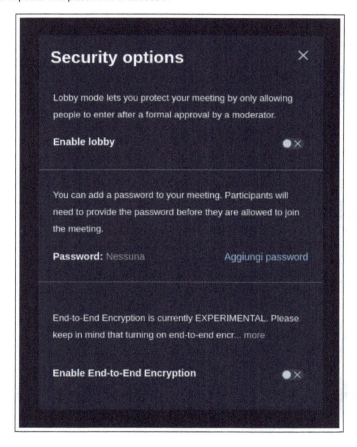

---

63. Vedi Immagine 16. *Icone Visualizza, Invita, Sicurezza, Opzioni*, p. 42.

Invitare altre persone

La voce "*Share meeting invitation*" consente le azioni seguenti:
- invitare persone attraverso molteplici account di posta elettronica;
- condividere il *link* della videoconferenza;
- comunicare un numero telefonico con relativo *pin* associato.

Immagine 40. Invita altre persone.[64]

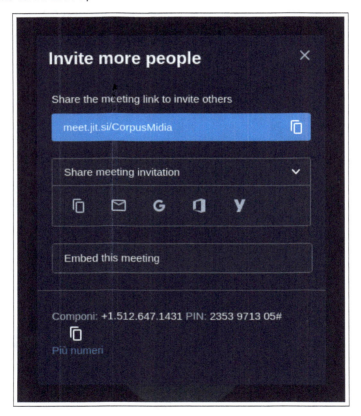

64. Vedi Immagine 16. *Icone Visualizza, Invita, Sicurezza, Opzioni*, p. 42.
Cfr. Capitolo 3. *Dentro la videoconferenza*, "Schermata della videoconferenza", p. 40.

Capitolo 7

Opzioni avanzate

Incorporare la videoconferenza in una pagina web

Immagine 41. Incorpora la videoconferenza in una pagina *web*.[65]

---

65. Vedi Immagine 17. *Menù opzioni*, p. 43.

Registrare la sessione

La registrazione della sessione richiede un *account Dropbox*.[66]
L'alternativa, senza avvalersi dell'opzione fornita da *Jitsi Meet*, comporta l'installazione di un software "*Desktop recorder*" o di "*Streaming* e registrazione".

Immagine 42. Connette a *Dropbox*.[67]

Immagine 43. Avvia la registrazione.

---

66. *Dropbox*, [*https://www.dropbox.com/it/*].
67. Vedi Immagine 17. *Menù opzioni*, p. 43.

Trasmettere in diretta la sessione

La trasmissione della diretta video richiede una *stream key* (chiave di *streaming)*, fornita con la registrazione al portale *YouTube*.[68]
Un'alternativa, senza avvalersi dell'opzione fornita da *Jitsi Meet*, comporta l'installazione del software di *streaming* e registrazione *OBS Studio*.[69]

Immagine 44. Inizia una diretta.[70]

_____

68. *YouTube*, [*https://www.youtube.com/?hl=it&gl=IT*].
Creare un live streaming con un codificatore,
[*https://support.google.com/youtube/answer/2907883?hl=it*].
69. *OBS Studio*, [*https://obsproject.com/*].
Cfr. "Registrare la sessione", p. 67.
70. Vedi Immagine 17. *Menù opzioni*, p. 43.

Immagine 45. *YouTube*.

Immagine 46. Icona "Trasmetti dal vivo".

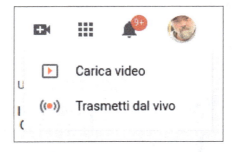

Immagine 47. *YouTube Studio*.

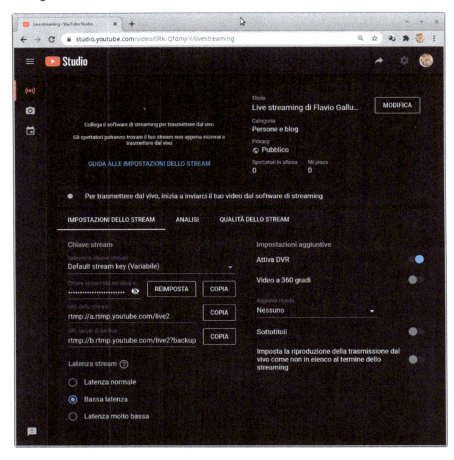

Immagine 48. Chiave *stream*.

Jitsi Meet
da *App Android* e *iOS*

Capitolo 8

Jitsi Meet
dispositivi *Android* e *iOS*

Installare l'*app*[71]

Immagine 49. Icona "Play Store".
Digita per aprire l'applicativo.

---

71. L'installazione dell'*app* per sistemi *iOS* procede in modo analogo partendo da "*App Store*".
Vedi Immagine 58. *Icona "App Store"*, p. 83.
Vedi Immagine 59. *Cerca Jitsi Meet*, p 84.
Vedi Immagine 60. *Installa Jitsi Meet*, p. 85.
Vedi Immagine 61. *Avvia Jitsi Meet*, p. 86.

Immagine 50. Installa l'*app Jitsi Meet*.
Digita "Jitsi Meet" nella casella di ricerca e clicca sul pulsante "Installa".

Avviare l'*app*

Immagine 51. Avvia *Jitsi Meet* cliccando sull'icona del programma.

Schermata di accesso alla videoconferenza

Immagine 52. Schermata di accesso a *Jitsi Meet*.

Impostazioni

Immagine 53. Menù laterale sinistro.

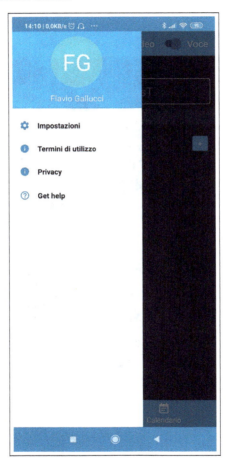

Immagine 54. Impostazioni.[72]

Schermata della videoconferenza

Immagine 55. Schermata della videoconferenza.[73]

---

73. Cfr. Capitolo 3. *Dentro la videoconferenza*, "Schermata della videoconferenza", p. 40.

Opzioni

Immagine 56. Menù opzioni esteso.[74]

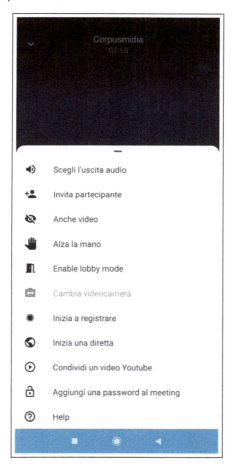

---

74. Cfr. Capitolo 3. *Dentro la videoconferenza*, "Menù delle opzioni", p. 43.

Chat

Immagine 57. *Chat.*[75]

---

75. Cfr. Capitolo 4. *Strumenti per partecipanti*, "*Chat*", p. 51.

Variazioni per *iOS*

Immagine 58. Icona "App Store".

Immagine 59. Cerca *Jitsi Meet*.

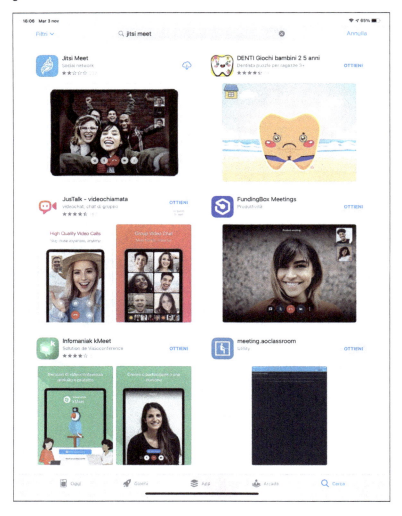

Immagine 60. Installa *Jitsi Meet*.

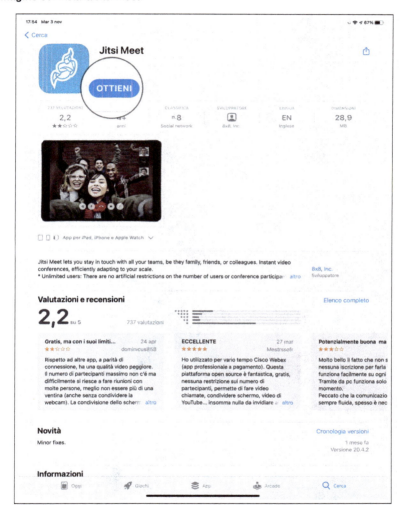

Immagine 61. Avvia *Jitsi Meet*.

Jitsi Server
sulla propria piattaforma web

Capitolo 9

Risorse per sviluppatori

Architettura del progetto *Jitsi*[76]

Jitsi, una raccolta di progetti, comprende:

Jitsi Meet,[77] applicazione *Javascript WebRTC*[78] compatibile, usa *Jitsi Videobridge* per sessioni di videoconferenza scalabili e di alta qualità.

Jitsi Videobridge (jvb),[79] Server *WebRTC* compatibile, indirizza streaming video tra i partecipanti ad una sessione di videoconferenza.

Jitsi Conference Focus (jicofo),[80] applicazione complementare al server jvb, gestisce la sessione di ogni partecipante, utilizzando *prosody*), e determina chi parla.

Jitsi Gateway to SIP (jigasi),[81] applicazione complementare al server, permette ai client *SIP* la connessione alle sessioni di videoconferenza di *Jitsi Meet*.

Jibri,[82] insieme di applicazioni, registra e trasmette in diretta le sessioni di videoconferenza. L'istanza del browser *Google Chrome* viene catturata e codificata in uscita dal software *ffmpeg*.

Software esterno al progetto utilizzato da *Jitsi*:

Prosody,[83] server *XMPP*, gestisce le stanze e le utenze in ogni stanza.
XMPP server used for signalling.

---

76. *Jitsi Architecture* [*https://jitsi.github.io/handbook/docs/architecture*].
- *Jitsi Meet*. *WebRTC* compatible JavaScript application that uses *Jitsi Videobridge* to provide high quality, scalable video conferences.
- *Jitsi Videobridge (jvb)*. *WebRTC* compatible server designed to route video streams amongst participants in a conference.
- *Jitsi Conference Focus (jicofo)*. Server-side focus component used in *Jitsi Meet* conferences that manages media sessions between each of the participants and the *videobridge*.
- *Jitsi Gateway to SIP (jigasi)*. Server-side application that allows regular *SIP* clients to join *Jitsi Meet* conferences.
- *Jibri*. Set of tools for recording and/or streaming a *Jitsi Meet* conference that works by launching a *Chrome* instance rendered in a virtual framebuffer and capturing and encoding the output with *ffmpeg*.
77. *Jitsi Meet*, [*https://jitsi.org/jitsi-meet/*].
Cfr. nota 76.
78. *Wikipedia, WebRTC*, [*https://it.wikipedia.org/wiki/WebRTC*].
WebRTC, [*https://webrtc.org/*].
79. *Jitsi Videobridge (jvb)*, [*https://jitsi.org/jitsi-videobridge/*].
Cfr. nota 76.
80. *Jitsi Conference Focus (jicofo)*, [*https://github.com/jitsi/jicofo*].
Cfr. nota 76.
81. *Jitsi Gateway to SIP (jigasi)*, [*https://github.com/jitsi/jigasi*].
Cfr. nota 76.
Wikipedia, SIP, Session Initiation Protocol, [*https://it.wikipedia.org/wiki/Session_Initiation_Protocol*].
82. *Jibri*, [*https://github.com/jitsi/jibri*].
Cfr. nota 76.
83. *Prosody*, [*https://prosody.im/*].

Immagine 62. *Jitsi Project*.[84]

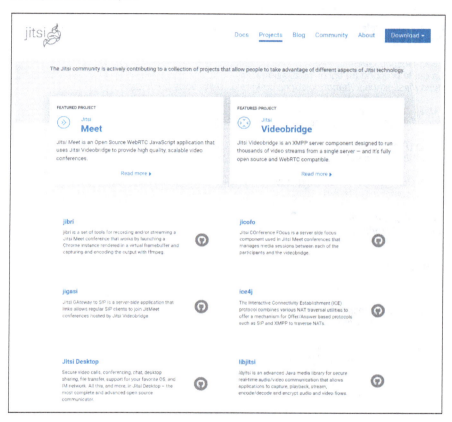

---

84. *Jitsi Project*, [*https://jitsi.org/projects/*].

Materiale documentale per l'installazione di un'*istanza Jitsi*

I documenti, referenziati con URL, trattano l'installazione e l'ottimizzazione di un'istanza *Jitsi* sulla propria piattaforma web.

- *Self-Hosting Guide*
La guida propone tre tipi di installazione
https://jitsi.github.io/handbook/docs/devops-guide/devops-guide-start

- User Guide (opzioni avanzate)
https://jitsi.github.io/handbook/docs/user-guide/user-guide-advanced

- FAQ (*Frequent Asked Questions*)
https://jitsi.github.io/handbook/docs/faq

- *Jitsi Community*.[85] Raccolta di interventi tecnici
https://community.jitsi.org

- *Jitsi Blog*.[86] Articoli e news
https://jitsi.org/blog

Video tutorial

https://jitsi.github.io/handbook/docs/devops-guide/devops-guide-videotutorials

- Video tutorial: *Installing Jitsi Meet on your own Linux Server*
https://jitsi.org/blog/new-tutorial-installing-jitsi-meet-on-your-own-linux-server

- Video tutorial: *How to Load Balance Jitsi Meet*
https://jitsi.org/blog/tutorial-video-how-to-load-balance-jitsi-meet/

- Video tutorial: *Scaling Jitsi Meet in the Cloud*
https://jitsi.org/blog/new-tutorial-video-scaling-jitsi-meet-in-the-cloud/

Altre guide

- Installazione di *Jitsi* su VPS (*Virtual Private Server*)
Il portale *WikiBooks* propone questo testo per l'installazione di *Jitsi* sul proprio *server*
https://it.wikibooks.org/wiki/Software_libero_a_scuola/Jitsi-installazione-su-vps

- *How to Create Your Own Video Conference Server using Jitsi Meet on Ubuntu 18.04 LTS*
https://www.howtoforge.com/tutorial/how-to-create-your-own-video-conference-using-jitsi-meet-on-ubuntu-1804

---

85. Vedi Immagine 63. *Jitsi Community*, p. 93.
86. Vedi Immagine 64. *Jitsi Blog*, p. 94.

Immagine 63. *Jitsi Community*.

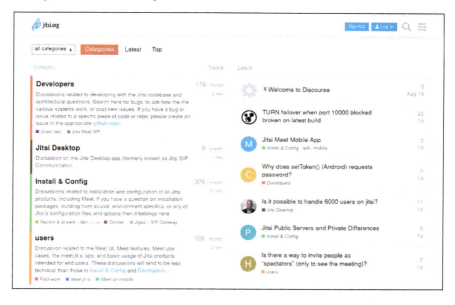

Immagine 64. *Jitsi Blog*.

Capitolo 10

Debian e *Ubuntu Jitsi server*

Installa un'istanza *Jitsi* su *server Debian* e *Ubuntu*.

Prerequisiti per *server Debian*[87] e *Ubuntu*[88]

Il sistema operativo utilizzato è la distribuzione *Linux*[89] "Ubuntu 20.04, x86-64".
I pacchetti richiesti come prerequisito sono:
- *"GnuPG2"*, software crittografico.[90]
- *"curl"*, software per il trasferimento di dati da linea di comando attraverso URL.[91]
- *"FFmpeg"*, software per convertire, registrare, riprodurre audio e video.[92]

Immagine 65. Avvia una *shell*.[93]
Seleziona la voce "Emulatore di terminale" dal *menù applicazioni* (S.O. *Ubuntu*).

---

87. *Debian*, [*https://www.debian.org/index.it.html*].
Wikipedia, *Debian*, [*https://it.wikipedia.org/wiki/Debian*].
88. *Ubuntu*, [*https://www.ubuntu-it.org/*], [*https://ubuntu.com/*].
Wikipedia, *Ubuntu*, [*https://it.wikipedia.org/wiki/Ubuntu*].
89. Wikipedia, *Linux*, [*https://it.wikipedia.org/wiki/Linux*].
90. *GnuPG, Gnu Privacy Guard*, [*https://gnupg.org/*].
Wikipedia, *GNU Privacy Guard*, [*https://it.wikipedia.org/wiki/GNU_Privacy_Guard*].
91. *curl*, [*https://curl.haxx.se/*].
92. *FFmpeg*, [*https://ffmpeg.org/*].
Wikipedia, *FFmpeg* [*https://it.wikipedia.org/wiki/FFmpeg*].
93. Wikipedia, *Shell (informatica)*, [*https://it.wikipedia.org/wiki/Shell_(informatica)*].
I comandi vengono eseguiti dalla *shell* con i privilegi di *root* (amministratore).

Immagine 66. *Shell*.
Diventa utente *root*,[94] o utilizza il software *sudo*,[95] per l'inserimento dei comandi.

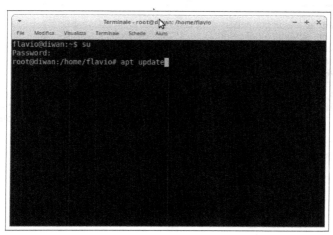

Comandi. Installa i pacchetti.[96]

```
apt update
apt install gnupg2 -y
apt install curl -y
apt install ffmpeg -y
apt update
```

Comandi. Aggiorna i *repository*[97] e imposta il protocollo HTTPS (*HyperText Transfer Protocol over Secure Socket Layer*)[98] per le comunicazioni con il *server Ubuntu*.

```
apt update
apt install apt-transport-https
apt-add-repository universe
apt update
```

94. Wikipedia, *Root (utente)*, [*https://it.wikipedia.org/wiki/Root_(utente)*].
Wikipedia, *Root (informatica)*, [*https://it.wikipedia.org/wiki/Root_(informatica)*].
95. Wikipedia, *Sudo*, [*https://it.wikipedia.org/wiki/Sudo*].
96. Wikipedia, *Shell*, [*https://it.wikipedia.org/wiki/Shell_(informatica)*].
97. *Ubuntu* wiki, *Repository*, [*https://wiki.ubuntu-it.org/Repository*]. "I *repository* sono archivi web nei quali vengono raggruppati i pacchetti software installabili su *Ubuntu*".
98. Wikipedia, *HTTPS*, [*https://it.wikipedia.org/wiki/HTTPS*].

Configurare un eventuale *firewall*[99]

Porte[100] aperte al fine di permettere il traffico verso il server *Jitsi*:
- 80 TCP,[101] per la verifica dei certificati TLS/SSL (*Transport Layer Security* e *Secure Socket Layer*),[102] **da validare successivamente all'installazione con *Let's Encrypt*.**[103]
- 443 TCP, per l'accesso a *Jitsi Meet.*
- 10000 UDP,[104] per le comunicazioni di rete audio e video.
- 22 TCP, per l'accesso SSH (*Secure SHell*).[105]
- 3478 UDP, per le richieste a server *stun/turn* (*Session Traversal Utilities for Network Address Translators* e *Traversal Using Relays around Network Address Translators*).[106] Abilitare il *server Coturn*,[107] opzionale, richiede la modifica del file di configurazione *config.js*.[108]
- 5349 TCP, per supplire alle disconnessioni di rete, audio e video, su protocollo UDP (*server Coturn*).

Comandi. Configurare *ufw*.[109]

```
sudo ufw allow 80/tcp
sudo ufw allow 443/tcp
sudo ufw allow 10000/udp
sudo ufw allow 22/tcp
sudo ufw allow 3478/tcp
sudo ufw allow 5349/udp
sudo ufw enable

# Check the firewall status with:
sudo ufw status verbose
```

---

99. Wikipedia, *Firewall*, [*https://it.wikipedia.org/wiki/Firewall*].
100. Wikipedia, *Porta (reti)*, [*https://it.wikipedia.org/wiki/Porta_(reti)*].
101. TCP, *Transmission Control Protocol.*
Wikipedia, Transmission Control Protocol, [*https://it.wikipedia.org/wiki/Transmission_Control_Protocol*].
102. Wikipedia, *Transport Layer Security*, [*https://it.wikipedia.org/wiki/Transport_Layer_Security*].
Cfr. nota 101.
103. Let's Encript, [*https://letsencrypt.org/*].
104. UDP, *User Datagram Protocol.*
Wikipedia, *User Datagram Protocol*, [*https://it.wikipedia.org/wiki/User_Datagram_Protocol*].
105. OpenSSH, [*https://www.openssh.com/*]. Open Secure Shell.
Wikipedia, Secure Shell, [*https://it.wikipedia.org/wiki/Secure_Shell*].
106. Wikipedia, STUN, [*https://it.wikipedia.org/wiki/STUN*].
Wikipedia, *Traversal Using Relays around NAT*,
[*https://en.wikipedia.org/wiki/Traversal_Using_Relays_around_NAT*].
Jitsi Meet Handbook, Setting up Turn, [*https://jitsi.github.io/handbook/docs/devops-guide/turn*].
107. Coturn, [*https://github.com/coturn/coturn*]. Implementazione open source di server TURN e STUN.
108. Cfr. Capitolo 11. *Opzioni di ottimizzazione*, "Tutte le opzioni", p. 115, "*Secure Domain setup*", p. 104.
109. ufw, *uncomplicated firewall.*
Wikipedia, *Uncomplicated Firewall*, [*https://it.wikipedia.org/wiki/Uncomplicated_Firewall*].
Wikipedia, *Firewall*, [*https://it.wikipedia.org/wiki/Firewall*].
Ubuntu wiki, *Sicurezza Ufw*, [*https://wiki.ubuntu-it.org/Sicurezza/Ufw*].

DNS *Domain Name System*[110]

Ottenere indirizzo IP[111] e nome di dominio: scenari possibili.

a. Indirizzo IP pubblico[112] e internet *web server.*

Indirizzo e nome di dominio sono già stati assegnati dall'autorità competente.

b. Indirizzo IP pubblico associato al servizio ubicato sul server di una rete privata.

- Configurare *switch* o *router* (NAT, *Network Address Translation*).[113]
Consiste nell'assegnare un IP pubblico ad un servizio, corrispondente ad una porta, installato su un server presente nella rete locale (con indirizzamento IP privato).[114]
- Ottenere un nome di dominio o FQDN (*Fully Qualified Domain Name*).[115]
- Successivamente all'installazione di *Jitsi*, modificare
"/etc/jitsi/videobridge/sip-communicator.properties".

Comandi. Modifica i file di configurazione.

```
# Aprire con un editor il file
# "/etc/jitsi/videobridge/sip-communicator.properties"
nano /etc/jitsi/videobridge/sip-communicator.properties

# Aggiungere
org.ice4j.ice.harvest.NAT_HARVESTER_LOCAL_ADDRESS=<Local.IP.Address>
org.ice4j.ice.harvest.NAT_HARVESTER_PUBLIC_ADDRESS=<Public.IP.Address>

# Commentare la riga seguente, aggiungendo il simbolo cancelletto
# org.ice4j.ice.harvest.STUN_MAPPING_HARVESTER_ADDRESSES
```

110. Wikipedia, *Domain Name System*, [*https://it.wikipedia.org/wiki/Domain_Name_System*].
I *server* DNS assegnano nomi ai nodi di rete (chiamati anche *host*), attuano la risoluzione tra *nomi di dominio* e indirizzi IP. Il nome testuale facilita l'uso dei servizi rispetto agli indirizzi numerici.
111. IP, *Internet Protocol address.*
Wikipedia, *Indirizzo IP*, [*https://it.wikipedia.org/wiki/Indirizzo_IP*].
ICANN, *Internet Corpation for Assigned Names and Numbers.*
Wikipedia, *ICANN*, [*https://it.wikipedia.org/wiki/ICANN*].
Autorità per l'assegnazione e la regolamentazione degli indirizzi IP pubblici.
Wikipedia, Classi di indirizzi IP, [*https://it.wikipedia.org/wiki/Classi_di_indirizzi_IP*].
112. Wikipedia, *Indirizzo IP pubblico*, [*https://it.wikipedia.org/wiki/Indirizzo_IP_pubblico*].
113. Apparato interposto tra rete privata e internet, traduce gli indirizzi di rete.
Wikipedia, *Network address translation*, [*https://it.wikipedia.org/wiki/Network_address_translation*].
114. Wikipedia, *Indirizzo IP privato*, [*https://it.wikipedia.org/wiki/Indirizzo_IP_privato*].
115. Wikipedia, FQDN, [*https://it.wikipedia.org/wiki/FQDN*].
Freenom, [*https://www.freenom.com/it/index.html?lang=it*]. Offre nomi di dominio gratuiti.

c. Indirizzo IP e server privati visibili su internet.

- Attivare un servizio di DNS *dinamico*[116] per ottenere un FQDN.
In una rete locale privata gli indirizzi IP vengono assegnati dinamicamente, dal servizio DHCP (*Dynamic Host Configuration Protocol*),[117] oppure staticamente.

d. Indirizzo IP e server privati visibili solo da rete privata.

L'installazione di *Jitsi*, in questo caso su una rete privata, avviene con nome di dominio stabilito arbitrariamente dall'amministratore.
Questa configurazione richiede esclusivamente la modifica del file *"/etc/hosts"*.

Certificati TLS/SSL

Le comunicazioni criptate richiedono un certificato TLS/SSL. Durante l'installazione è consigliabile scegliere l'opzione "*Generate a new self-signed certificate*" e, al fine del funzionamento delle App *Android* e *iOS*, sostituire il certificato generato con uno *Let's Encrypt*,[118] validato mediante il software *Certbot.*[119]

About *Let's Encrypt*[120]

"Let's Encrypt is a free, automated, and open CA (*Certificate Authority*), run for the public's benefit. It is a service provided by the ISRG (*Internet Security Research Group*)[121] [...]".

Abount *Certbot*[122]

"Certbot is a free, open source software tool for automatically using *Let's Encrypt* certificates on manually-administrated websites to enable HTTPS.
Certbot is made by the EFF (*Electronic Frontier Foundation*),[123] a *501(c)3* nonprofit based in San Francisco, CA, that defends digital privacy, free speech, and innovation [...]".

---

116. Wikipedia, *Dynamic DNS*, [*https://it.wikipedia.org/wiki/Dynamic_DNS*].
117. Wikipedia, *Dynamic Host Configuration Protocol*,
[*https://it.wikipedia.org/wiki/Dynamic_Host_Configuration_Protocol*].
118. *Let's Encrypt*, [*https://letsencrypt.org*].
Wikipedia, *Let's Encrypt*, [*https://it.wikipedia.org/wiki/Let%27s_Encrypt*].
119. *Certbot*, [*https://certbot.eff.org/*].
120. *About Let's Encrypt*, [*https://letsencrypt.org/about/*].
121. ISRG, [*https://www.abetterinternet.org/*].
122. *About certbot*, [https://certbot.eff.org/about/].
123. EFF, [*https://www.eff.org/*].

Modificare il file "/etc/hosts"

"Il file /etc/hosts viene usato per convertire i nomi dei computer in codici IP e viceversa. È particolarmente utile la sua compilazione all'interno di piccole reti che non dispongono di un DNS *server*. All'interno di una rete locale, può essere predisposto uguale per tutti i computer connessi, così da facilitare per quanto possibile l'aggiornamento all'interno di questi".[124]

Comandi. Esempio di file *hosts*.

```
127.0.0.1        localhost
127.0.1.1        diwan

# Consente di raggiungere i servizi offerti, in questo caso Jitsi Meet
attraverso l'indirizzo: https://runner.pincopallo.it
192.168.1.150   meet.pincopallo.it    meet

# 0.0.0.0 ignora le richieste di siti malevoli
0.0.0.0          googletagservices.com

# The following lines are desirable for IPv6 capable hosts
[...]
```

Sostituendo "0.0.0.0" all'indirizzo IP, quindi specificando un nome di dominio, le richieste di connessione vengono ignorate senza essere mai indirizzate verso l'IP del server reale.[125]

Comandi. Inserire nel file *hosts* una riga contenente il FQDN (Passaggio necessario per tutti i casi esaminati nel paragrafo precedente).

```
# Aprire il file.
# nano /etc/hosts

127.0.0.1 localhost
[...]
# Aggiungere i riferimenti al server Jitsi
x.x.x.x meet.example.org meet

Nota: x.x.x.x corrisponde all'indirizzo IP del server Jitsi
```

124. Appunti Linux, paragrafo 47.2, [*http://www.science.unitn.it/~fiorella/AppuntiLinux/al-47.html*].
Il file "/etc/resolv.conf" viene usato per conoscere gli indirizzi dei *server* DNS.
Il Manuale dell'Amministartore Debian, paragrafo 8.3 "Impostare il nome host e configurare il servizio dei nomi", [*https://www.debian.org/doc/manuals/debian-handbook/sect.hostname-name-service.it.html*].
125. How to make the internet not suck (as much) , "0.0.0.0 version",
[*https://someonewhocares.org/hosts/zero/*].

Installare *Nginx* e *Jitsi*

Comandi. Aggiungere il *repository Jitsi*.

```
# Add the Jitsi package repository

curl https://download.jitsi.org/jitsi-key.gpg.key | sudo sh -c \
'gpg -- \ dearmor > /usr/share/keyrings/jitsi-keyring.gpg'

echo 'deb [signed-by=/usr/share/keyrings/jitsi-keyring.gpg] \
https://download.jitsi.org stable/' | sudo tee \
/etc/apt/sources.list.d/jitsi-stable.list > /dev/null

apt update
```

Comandi. Installare il *web server nginx*[126] e gli applicativi del progetto *Jitsi Meet*.

```
apt-get install nginx -y

apt install jitsi-meet -y
```

Rimuovere il software

Comandi. Uninstall.

```
apt purge jigasi jitsi-meet jitsi-meet-web-config \
jitsi-meet-prosody jitsi-meet-turnserver jitsi-meet-web \
jicofo jitsi-videobridge2
```

---

126. *Nginx web server*, [*https://www.nginx.com/*].
Wikipedia, *nginx*, [*https://it.wikipedia.org/wiki/Nginx*].

Capitolo 11

Opzioni di ottimizzazione

Personalizza un'istanza *Jitsi* su *server Ubuntu* e *Debian*.
Le sessioni di videoconferenza *Jitsi Meet* partono con impostazioni predefinite.
Le opzioni disponibili consentono ulteriori ottimizzazioni.

Secure Domain setup

Imposta un sistema di autenticazione per creare sessioni di videoconferenza, chiedendo nome e password.

Configura *Prosody*
file: *"/etc/prosody/conf.avail/[your-hostname].cfg.lua"*

Comandi. Abilita l'autenticazione nel blocco di codice *VirtualHost "[your-hostname]"*, inserendo il proprio *hostname* (ad esempio *jitsi-meet.example.com*).

```
VirtualHost "jitsi-meet.example.com"
    authentication = "internal_hashed"
```

Comandi. Abilita l'accreditamento anonimo per gli ospiti.

```
VirtualHost "guest.jitsi-meet.example.com"
    authentication = "anonymous"
    c2s_require_encryption = false
```

guest.jitsi-meet.example.com, essendo interno a *Jitsi*, non richiede la creazione di *record* DNS, la generazione di certificati TLS/SSL o altra configurazione del *web server*.

Comandi. Abilita i moduli desiderati per gli ospiti (ad esempio *"turncredentials"* e/o *"conference_duration"*), aggiungendo l'opzione *modules_enabled*.

```
VirtualHost "guest.jitsi-meet.example.com"
    authentication = "anonymous"
    modules_enabled = {
      "turncredentials";
    }
    c2s_require_encryption = false
```

Configura *Jitsi Meet*
File "/etc/jitsi/meet/[your-hostname]-config.js"

Comandi. Imposta l'opzione *anonymousdomain*.

```
var config = {
    hosts: {
            domain: 'jitsi-meet.example.com',
            anonymousdomain: 'guest.jitsi-meet.example.com',
            ...
        },
        ...
}
```

Configura *Jicofo*
File "/etc/jitsi/jicofo/sip-communicator.properties"

Comandi. *Jicofo* accetta le sessioni di conferenza solo dal nome dominio impostato.

```
org.jitsi.jicofo.auth.URL=XMPP:jitsi-meet.example.com
```

Crea utenti in *Prosody* (*internal auth*)

Comandi. Avvia il comando *prosodyctl* e crea utenti in *Prosody*.

```
sudo prosodyctl register <username> jitsi-meet.example.com <password>
```

Comandi. Riavvia *prosody, jicofo* e *Jitsi-videobridge2*.

```
systemctl restart prosody
systemctl restart jicofo
systemctl restart jitsi-videobridge2
```

Configura Jigasi (opzionale)
File "/etc/jitsi/jigasi/sip-communicator.properties"

Comandi. Abilita autenticazione.

```
org.jitsi.jigasi.xmpp.acc.USER_ID=SOME_USER@SOME_DOMAIN
org.jitsi.jigasi.xmpp.acc.PASS=SOME_PASS
org.jitsi.jigasi.xmpp.acc.ANONYMOUS_AUTH=false
```

Enabling Speaker Stats

To enable the speaker stats we need to enable speakerstats module under the main virtual host, this is to enable the advertising the speaker stats component, which address needs to be specified in *speakerstats_component* option

We need to also enable the component with the address specified in speakerstats_component. The component needs also to have the option with the muc component address in *muc_component* option.

```
VirtualHost "jitsi.example.com"
    speakerstats_component = "speakerstats.jitsi.example.com"
    modules_enabled = {
        "speakerstats";
    }

Component "speakerstats.jitsi.example.com" "speakerstats_component"
    muc_component = "conference.jitsi.example.com"

Component "conference.jitsi.example.com" "muc"
```

Debugging problems

- *Web Browser*. Provare a cambiare versione.
- *Firewall*. Verificare in caso i partecipanti non abbiano visibilità uno con l'altro.
- *File di log*. Analizzare gli archivi di *log*:

    /var/log/jitsi/jvb.log

    /var/log/jitsi/jicofo.log

    /var/log/prosody/prosody.log

Opzioni: categorie e posizioni

Le opzioni sono suddivise in due categorie:
- UI (*User Interface*).
- *System & feature*.

Tabella *Option Categories and Locations.*[127]

	interface_config	config
Informazioni	mainly UI related options	a mix of settings and feature options
File Location (self-hosted)	/usr/share/jitsi-meet/interface-config.js	/etc/jitsi/meet/[your-domain-name]-config.js
iframe variable	interfaceConfigOverwrite	configOverwrite
URL parameter	interfaceConfig	config
Honored by mobile client?	No	Yes
All Options	(Vedi paragrafo, p. 109)	(Cfr. paragrafo, p. 115)
Options available to URL & iframe	(Vedi paragrafo, p. 114)	(Cfr. paragrafo, p. 126)
iframe Example	User interface[128]	System and features[129]
URL Example[130]	Filmstrip Only mode: https://meet.jit.si/example-101#interfaceConfig.filmStripOnly=true	Prejoin page enabled: https://meet.jit.si/example-101#config.prejoinPageEnabled=true

---

127. *How to customize meeting options*, [*https://community.jitsi.org/t/how-to-how-to-customize-meeting-options/74665*].
128. *User Interface, iframe Example*,
[*https://github.com/jitsi/jitsi-meet/blob/master/doc/examples/api.html*].
129. Idem nota 128.
130. Cfr. "*User Guide (advanced)*", p. 129.

```
┌──────────────────────────────────────────────────────────────────────┐
│                                                                        │
│              UI User Interface configuration                           │
│                                                                        │
└──────────────────────────────────────────────────────────────────────┘
```

Tutte le opzioni[131]

File "`/usr/share/jitsi-meet/interface-config.js`"

```
/* eslint-disable no-unused-vars, no-var, max-len */
/* eslint sort-keys: ["error", "asc", {"caseSensitive": false}] */

var interfaceConfig = {
    APP_NAME: 'Jitsi Meet',
    AUDIO_LEVEL_PRIMARY_COLOR: 'rgba(255,255,255,0.4)',
    AUDIO_LEVEL_SECONDARY_COLOR: 'rgba(255,255,255,0.2)',

    /**
     * A UX mode where the last screen share participant is automatically
     * pinned. Valid values are the string "remote-only" so remote participants
     * get pinned but not local, otherwise any truthy value for all participants,
     * and any falsy value to disable the feature.
     *
     * Note: this mode is experimental and subject to breakage.
     */
    AUTO_PIN_LATEST_SCREEN_SHARE: 'remote-only',
    BRAND_WATERMARK_LINK: '',

    CLOSE_PAGE_GUEST_HINT: false,
    // A html text to be shown to guests on the close page, false disables it
    /**
     * Whether the connection indicator icon should hide itself based on
     * connection strength. If true, the connection indicator will remain
     * displayed while the participant has a weak connection and will hide
     * itself after the CONNECTION_INDICATOR_HIDE_TIMEOUT when the connection is
     * strong.
     *
     * @type {boolean}
     */
    CONNECTION_INDICATOR_AUTO_HIDE_ENABLED: true,

    /**
     * How long the connection indicator should remain displayed before hiding.
     * Used in conjunction with CONNECTION_INDICATOR_AUTOHIDE_ENABLED.
     *
     * @type {number}
     */
    CONNECTION_INDICATOR_AUTO_HIDE_TIMEOUT: 5000,

    /**
     * If true, hides the connection indicators completely.
     *
     * @type {boolean}
     */
    CONNECTION_INDICATOR_DISABLED: false,
```

131. *Jitsi Meet*, (*github*), *interface_config.js*,
[*https://github.com/jitsi/jitsi-meet/blob/master/interface_config.js*].

```
DEFAULT_BACKGROUND: '#474747',
DEFAULT_LOCAL_DISPLAY_NAME: 'me',
DEFAULT_LOGO_URL: 'images/watermark.svg',
DEFAULT_REMOTE_DISPLAY_NAME: 'Fellow Jitster',
DEFAULT_WELCOME_PAGE_LOGO_URL: 'images/watermark.svg',

DISABLE_DOMINANT_SPEAKER_INDICATOR: false,

DISABLE_FOCUS_INDICATOR: false,

/**
 * If true, notifications regarding joining/leaving are no longer displayed.
 */
DISABLE_JOIN_LEAVE_NOTIFICATIONS: false,

/**
 * If true, presence status: busy, calling, connected etc. is not displayed.
 */
DISABLE_PRESENCE_STATUS: false,

/**
 * Whether the ringing sound in the call/ring overlay is disabled. If
 * {@code undefined}, defaults to {@code false}.
 *
 * @type {boolean}
 */
DISABLE_RINGING: false,

/**
 * Whether the speech to text transcription subtitles panel is disabled.
 * If {@code undefined}, defaults to {@code false}.
 *
 * @type {boolean}
 */
DISABLE_TRANSCRIPTION_SUBTITLES: false,

/**
 * Whether or not the blurred video background for large video should be
 * displayed on browsers that can support it.
 */
DISABLE_VIDEO_BACKGROUND: false,

DISPLAY_WELCOME_FOOTER: true,
DISPLAY_WELCOME_PAGE_ADDITIONAL_CARD: false,
DISPLAY_WELCOME_PAGE_CONTENT: false,
DISPLAY_WELCOME_PAGE_TOOLBAR_ADDITIONAL_CONTENT: false,

ENABLE_DIAL_OUT: true,

ENABLE_FEEDBACK_ANIMATION: false, // Enables feedback star animation.

FILM_STRIP_MAX_HEIGHT: 120,

/**
 * Whether to only show the filmstrip (and hide the toolbar).
 */
filmStripOnly: false,

GENERATE_ROOMNAMES_ON_WELCOME_PAGE: true,

/**
 * Hide the logo on the deep linking pages.
 */
HIDE_DEEP_LINKING_LOGO: false,
```

```
/**
 * Hide the invite prompt in the header when alone in the meeting.
 */
HIDE_INVITE_MORE_HEADER: false,

INITIAL_TOOLBAR_TIMEOUT: 20000,
JITSI_WATERMARK_LINK: 'https://jitsi.org',

LANG_DETECTION: true, // Allow i18n to detect the system language
LIVE_STREAMING_HELP_LINK: 'https://jitsi.org/live',
// Documentation reference for the live streaming feature.
LOCAL_THUMBNAIL_RATIO: 16 / 9, // 16:9

/**
 * Maximum coefficient of the ratio of the large video to the visible area
 * after the large video is scaled to fit the window.
 *
 * @type {number}
 */
MAXIMUM_ZOOMING_COEFFICIENT: 1.3,

/**
 * Whether the mobile app Jitsi Meet is to be promoted to participants
 * attempting to join a conference in a mobile Web browser. If
 * {@code undefined}, defaults to {@code true}.
 *
 * @type {boolean}
 */
MOBILE_APP_PROMO: true,

/**
 * Specify custom URL for downloading android mobile app.
 */
MOBILE_DOWNLOAD_LINK_ANDROID:
'https://play.google.com/store/apps/details?id=org.jitsi.meet',

/**
 * Specify custom URL for downloading f droid app.
 */
MOBILE_DOWNLOAD_LINK_F_DROID: 'https://f-droid.org/en/packages/org.jitsi.meet/',

/**
 * Specify URL for downloading ios mobile app.
 */
MOBILE_DOWNLOAD_LINK_IOS:
'https://itunes.apple.com/us/app/jitsi-meet/id1165103905',

NATIVE_APP_NAME: 'Jitsi Meet',

// Names of browsers which should show a warning stating the current browser
// has a suboptimal experience. Browsers which are not listed as optimal or
// unsupported are considered suboptimal. Valid values are:
// chrome, chromium, edge, electron, firefox, nwjs, opera, safari
OPTIMAL_BROWSERS:
[ 'chrome', 'chromium', 'firefox', 'nwjs', 'electron', 'safari' ],

POLICY_LOGO: null,
PROVIDER_NAME: 'Jitsi',

/**
 * If true, will display recent list
 *
 * @type {boolean}
 */
```

```
RECENT_LIST_ENABLED: true,
REMOTE_THUMBNAIL_RATIO: 1, // 1:1

SETTINGS_SECTIONS: [ 'devices', 'language', 'moderator', 'profile', 'calendar' ],
SHOW_BRAND_WATERMARK: false,

/**
 * Decides whether the chrome extension banner should be rendered on the landing
 * page and during the meeting.
 * If this is set to false, the banner will not be rendered at all. If set to
 * true, the check for extension(s) being already installed is done before
 * rendering.
 */
SHOW_CHROME_EXTENSION_BANNER: false,

SHOW_DEEP_LINKING_IMAGE: false,
SHOW_JITSI_WATERMARK: true,
SHOW_POWERED_BY: false,
SHOW_PROMOTIONAL_CLOSE_PAGE: false,

/*
 * If indicated some of the error dialogs may point to the support URL for
 * help.
 */
SUPPORT_URL: 'https://community.jitsi.org/',

TOOLBAR_ALWAYS_VISIBLE: false,

/**
 * The name of the toolbar buttons to display in the toolbar, including the
 * "More actions" menu. If present, the button will display. Exceptions are
 * "livestreaming" and "recording" which also require being a moderator and
 * some values in config.js to be enabled. Also, the "profile" button will
 * not display for users with a JWT.
 * Notes:
 * - it's impossible to choose which buttons go in the "More actions" menu
 * - it's impossible to control the placement of buttons
 * - 'desktop' controls the "Share your screen" button
 */
TOOLBAR_BUTTONS: [
'microphone', 'camera', 'closedcaptions', 'desktop', 'embedmeeting',
'fullscreen', 'fodeviceselection', 'hangup', 'profile', 'chat', 'recording',
'livestreaming', 'etherpad', 'sharedvideo', 'settings', 'raisehand',
'videoquality', 'filmstrip', 'invite', 'feedback', 'stats', 'shortcuts',
'tileview', 'videobackgroundblur', 'download', 'help', 'mute-everyone',
'security'
],

TOOLBAR_TIMEOUT: 4000,

// Browsers, in addition to those which do not fully support WebRTC, that
// are not supported and should show the unsupported browser page.
UNSUPPORTED_BROWSERS: [],

/**
 * Whether to show thumbnails in filmstrip as a column instead of as a row.
 */
VERTICAL_FILMSTRIP: true,

// Determines how the video would fit the screen. 'both' would fit the whole
// screen, 'height' would fit the original video height to the height of the
// screen, 'width' would fit the original video width to the width of the
// screen respecting ratio.
VIDEO_LAYOUT_FIT: 'both',
```

```
    /**
     * If true, hides the video quality label indicating the resolution status
     * of the current large video.
     *
     * @type {boolean}
     */
    VIDEO_QUALITY_LABEL_DISABLED: false,

    /**
     * How many columns the tile view can expand to. The respected range is
     * between 1 and 5.
     */
    // TILE_VIEW_MAX_COLUMNS: 5,

    /**
     * Specify Firebase dynamic link properties for the mobile apps.
     */
    // MOBILE_DYNAMIC_LINK: {
    //     APN: 'org.jitsi.meet',
    //     APP_CODE: 'w2atb',
    //     CUSTOM_DOMAIN: undefined,
    //     IBI: 'com.atlassian.JitsiMeet.ios',
    //     ISI: '1165103905'
    // },

    /**
     * Specify mobile app scheme for opening the app from the mobile browser.
     */
    // APP_SCHEME: 'org.jitsi.meet',

    /**
     * Specify the Android app package name.
     */
    // ANDROID_APP_PACKAGE: 'org.jitsi.meet',

    /**
     * Override the behavior of some notifications to remain displayed until
     * explicitly dismissed through a user action. The value is how long, in
     * milliseconds, those notifications should remain displayed.
     */
    // ENFORCE_NOTIFICATION_AUTO_DISMISS_TIMEOUT: 15000,

    // List of undocumented settings
    /**
     INDICATOR_FONT_SIZES
     PHONE_NUMBER_REGEX
     */

    // Allow all above example options to include a trailing comma and
    // prevent fear when commenting out the last value.
    // eslint-disable-next-line sort-keys
    makeJsonParserHappy: 'even if last key had a trailing comma'

    // No configuration value should follow this line.
};

/* eslint-enable no-unused-vars, no-var, max-len */
```

Opzioni disponibili per URL e *iframes*[132]

```
/**
 * The interface config keys to whitelist, the keys that can be overridden.
 * @private
 * @type Array
 */
export default [
    'AUDIO_LEVEL_PRIMARY_COLOR',
    'AUDIO_LEVEL_SECONDARY_COLOR',
    'AUTO_PIN_LATEST_SCREEN_SHARE',
    'CLOSE_PAGE_GUEST_HINT',
    'CONNECTION_INDICATOR_AUTO_HIDE_ENABLED',
    'CONNECTION_INDICATOR_AUTO_HIDE_TIMEOUT',
    'CONNECTION_INDICATOR_DISABLED',
    'DEFAULT_BACKGROUND',
    'DISABLE_PRESENCE_STATUS',
    'DISABLE_JOIN_LEAVE_NOTIFICATIONS',
    'DEFAULT_LOCAL_DISPLAY_NAME',
    'DEFAULT_REMOTE_DISPLAY_NAME',
    'DISABLE_DOMINANT_SPEAKER_INDICATOR',
    'DISABLE_FOCUS_INDICATOR',
    'DISABLE_PRIVATE_MESSAGES',
    'DISABLE_RINGING',
    'DISABLE_TRANSCRIPTION_SUBTITLES',
    'DISABLE_VIDEO_BACKGROUND',
    'DISPLAY_WELCOME_PAGE_CONTENT',
    'ENABLE_DIAL_OUT',
    'ENABLE_FEEDBACK_ANIMATION',
    'ENFORCE_NOTIFICATION_AUTO_DISMISS_TIMEOUT',
    'FILM_STRIP_MAX_HEIGHT',
    'GENERATE_ROOMNAMES_ON_WELCOME_PAGE',
    'HIDE_INVITE_MORE_HEADER',
    'INDICATOR_FONT_SIZES',
    'INITIAL_TOOLBAR_TIMEOUT',
    'LANG_DETECTION',
    'LIVE_STREAMING_HELP_LINK',
    'LOCAL_THUMBNAIL_RATIO',
    'MAXIMUM_ZOOMING_COEFFICIENT',
    'NATIVE_APP_NAME',
    'OPTIMAL_BROWSERS',
    'PHONE_NUMBER_REGEX',
    'PROVIDER_NAME',
    'RECENT_LIST_ENABLED',
    'REMOTE_THUMBNAIL_RATIO',
    'SETTINGS_SECTIONS',
    'SHOW_CHROME_EXTENSION_BANNER',
    'SHOW_DEEP_LINKING_IMAGE',
    'SHOW_POWERED_BY',
    'SUPPORT_URL',
    'TILE_VIEW_MAX_COLUMNS',
    'TOOLBAR_ALWAYS_VISIBLE',
    'TOOLBAR_BUTTONS',
    'TOOLBAR_TIMEOUT',
    'UNSUPPORTED_BROWSERS',
    'VERTICAL_FILMSTRIP',
    'VIDEO_LAYOUT_FIT',
    'VIDEO_QUALITY_LABEL_DISABLED',
    'filmStripOnly'
];
```

---

132. *Jitsi Meet, (github), interfaceConfigWhitelist.js*
[*https://github.com/jitsi/jitsi-meet/blob/master/react/features/base/config/interfaceConfigWhitelist.js*].

System and features configuration

Tutte le opzioni[133]
File "`/etc/jitsi/meet/[domain-name]-config.js`"

```
/* eslint-disable no-unused-vars, no-var */

var config = {
    // Connection
    //

    hosts: {
        // XMPP domain.
        domain: 'jitsi-meet.example.com',

        // When using authentication, domain for guest users.
        // anonymousdomain: 'guest.example.com',

        // Domain for authenticated users. Defaults to <domain>.
        // authdomain: 'jitsi-meet.example.com',

        // Call control component (Jigasi).
        // call_control: 'callcontrol.jitsi-meet.example.com',

        // Focus component domain. Defaults to focus.<domain>.
        // focus: 'focus.jitsi-meet.example.com',

        // XMPP MUC domain. FIXME: use XEP-0030 to discover it.
        muc: 'conference.jitsi-meet.example.com'
    },

    // BOSH URL. FIXME: use XEP-0156 to discover it.
    bosh: '//jitsi-meet.example.com/http-bind',

    // Websocket URL
    // websocket: 'wss://jitsi-meet.example.com/xmpp-websocket',

    // The name of client node advertised in XEP-0115 'c' stanza
    clientNode: 'http://jitsi.org/jitsimeet',

    // The real JID of focus participant - can be overridden here
    // Do not change username - FIXME: Make focus username configurable
    // https://github.com/jitsi/jitsi-meet/issues/7376
    // focusUserJid: 'focus@auth.jitsi-meet.example.com',


    // Testing / experimental features.
    //

    testing: {
        // Disables the End to End Encryption feature. Useful for debugging
        // issues related to insertable streams.
```

---

133. *Jitsi Meet*, (github), *config.js*, [*https://github.com/jitsi/jitsi-meet/blob/master/config.js*].

```
        // disableE2EE: false,

// P2P test mode disables automatic switching to P2P when there are 2 participants in
// the conference.
        p2pTestMode: false

// Enables the test specific features consumed by jitsi-meet-torture
        // testMode: false

// Disables the auto-play behavior of *all* newly created video element.
// This is useful when the client runs on a host with limited resources.
        // noAutoPlayVideo: false

// Enable/disable 500 Kbps bitrate cap on desktop tracks. When enabled,simulcast is
// turned off for the desktop share. If presenter is turned on while screensharing is
// in progress, the max bitrate is automatically adjusted to 2.5 Mbps. This takes a
// value between 0 and 1 which determines the probability for this to be enabled.
        // capScreenshareBitrate: 1 // 0 to disable

// Enable callstats only for a percentage of users.
// This takes a value between 0 and 100 which determines the probability for the
// callstats to be enabled.
        // callStatsThreshold: 5 // enable callstats for 5% of the users.
        },

// Disables ICE/UDP by filtering out local and remote UDP candidates in signalling.
        // webrtcIceUdpDisable: false,

// Disables ICE/TCP by filtering out local and remote TCP candidates in signalling.
        // webrtcIceTcpDisable: false,

        // Media
        //

        // Audio

// Disable measuring of audio levels.
        // disableAudioLevels: false,
        // audioLevelsInterval: 200,

// Enabling this will run the lib-jitsi-meet no audio detection module which will
// notify the user if the current selected microphone has no audio input and will
// suggest another valid device if one is present.
        enableNoAudioDetection: true,

// Enabling this will run the lib-jitsi-meet noise detection module which will notify
// the user if there is noise, other than voice, coming from the current selected
// microphone. The purpose it to let the user know that the input could be
// potentially unpleasant for other meeting participants.
        enableNoisyMicDetection: true,

// Start the conference in audio only mode (no video is being received nor sent).
        // startAudioOnly: false,

// Every participant after the Nth will start audio muted.
        // startAudioMuted: 10,

// Start calls with audio muted. Unlike the option above, this one is only applied
// locally. FIXME: having these 2 options is confusing.
        // startWithAudioMuted: false,

// Enabling it (with #params) will disable local audio output of remote participants
// and to enable it back a reload is needed.
        // startSilent: false
```

```
// Sets the preferred target bitrate for the Opus audio codec by setting its
// 'maxaveragebitrate' parameter. Currently not available in p2p mode.
// Valid values are in the range 6000 to 510000
    // opusMaxAverageBitrate: 20000,

// Enables redundancy for Opus
    // enableOpusRed: false

    // Video

// Sets the preferred resolution (height) for local video. Defaults to 720.
    // resolution: 720,

// How many participants while in the tile view mode, before the receiving video
// quality is reduced from HD to SD.
// Use -1 to disable.
    // maxFullResolutionParticipants: 2,

// w3c spec-compliant video constraints to use for video capture. Currently used by
// browsers that return true from lib-jitsi-meet's util#browser#usesNewGumFlow. The
// constraints are independent from this config's resolution value. Defaults to
// requesting an ideal resolution of 720p.
    // constraints: {
    //     video: {
    //         height: {
    //             ideal: 720,
    //             max: 720,
    //             min: 240
    //         }
    //     }
    // },

// Enable / disable simulcast support.
    // disableSimulcast: false,

// Enable/disable layer suspension.  If enabled, endpoints whose HD layers are not in
// use will be suspended (no longer sent) until they are requested again.
    // enableLayerSuspension: false,

// Every participant after the Nth will start video muted.
    // startVideoMuted: 10,

// Start calls with video muted. Unlike the option above, this one is only applied
// locally. FIXME: having these 2 options is confusing.
    // startWithVideoMuted: false,

// If set to true, prefer to use the H.264 video codec (if supported).
// Note that it's not recommended to do this because simulcast is not supported when
// using H.264. For 1-to-1 calls this setting is enabled by default and can be
// toggled in the p2p section.
// This option has been deprecated, use preferredCodec under video Quality section
// instead.
    // preferH264: true,

// If set to true, disable H.264 video codec by stripping it out of the SDP.
    // disableH264: false,

    // Desktop sharing

// Optional desktop sharing frame rate options. Default value: min:5, max:5.
    // desktopSharingFrameRate: {
    //     min: 5,
    //     max: 5
    // },
```

```
// Try to start calls with screen-sharing instead of camera video.
   // startScreenSharing: false,

   // Recording

// Whether to enable file recording or not.
   // fileRecordingsEnabled: false,
// Enable the dropbox integration.
   // dropbox: {
   //     appKey: '<APP_KEY>' // Specify your app key here.
   //     // A URL to redirect the user to, after authenticating
   //     // by default uses:
   //     // 'https://jitsi-meet.example.com/static/oauth.html'
   //     redirectURI:
   //         'https://jitsi-meet.example.com/subfolder/static/oauth.html'
   // },
// When integrations like dropbox are enabled only that will be shown, by enabling
// fileRecordingsServiceEnabled, we show both the integrations and the generic
// recording service (its configuration and storage type depends on jibri
// configuration)
   // fileRecordingsServiceEnabled: false,
// Whether to show the possibility to share file recording with other people (e.g.
// meeting participants), based on the actual implementation on the backend.
   // fileRecordingsServiceSharingEnabled: false,

// Whether to enable live streaming or not.
   // liveStreamingEnabled: false,

// Transcription (in interface_config, subtitles and buttons can be configured)
   // transcribingEnabled: false,

// Enables automatic turning on captions when recording is started
   // autoCaptionOnRecord: false,

   // Misc

// Default value for the channel "last N"
// attribute. -1 for unlimited.
   channelLastN: -1,

// Provides a way to use different "last N" values based on the number of
// participants in the conference.
// The keys in an Object represent number of participants and the values are "last N"
// to be used when number of participants gets to or above the number.
//
// For the given example mapping, "last N" will be set to 20 as long as there are at
// least 5, but less than 29 participants in the call and it will be lowered to 15
// when the 30th participant joins. The 'channelLastN' will be used as default until
// the first threshold is reached.
//
   // lastNLimits: {
   //     5: 20,
   //     30: 15,
   //     50: 10,
   //     70: 5,
   //     90: 2
   // },

// Specify the settings for video quality optimizations on the client.
   // videoQuality: {
   //     // Provides a way to prevent a video codec from being negotiated on the JVB
   //     // connection. The codec specified here will be removed from the list of codecs
   //     // present in the SDP answer generated by the client. If the same codec is
   //     // specified for both the disabled and preferred option, the disable
   //     // settings will prevail.
```

```
//   // Note that 'VP8' cannot be disabled since it's a mandatory codec, the setting
//   //will be ignored in this case.
//   // disabledCodec: 'H264',
//
//   // Provides a way to set a preferred video codec for the JVB connection. If
//   // 'H264' is specified here, simulcast will be automatically disabled since JVB
//   // doesn't support H264 simulcast yet. This will only rearrange the the
//   // preference order of the codecs in the SDP answer generated by the browser only
//   // if the preferred codec specified here is present. Please ensure that the JVB
//   // offers the specified codec for this to take effect.
//       preferredCodec: 'VP8',
//
//   // Provides a way to configure the maximum bitrates that will be enforced on the
//   // simulcast streams for video tracks. The keys in the object represent the type
//   // of the stream (LD, SD or HD) and the values are the max.bitrates to be set on
//   // that particular type of stream. The actual send may vary based on the
//   // available bandwidth calculated by the browser, but it will be capped by the
//   // values specified here.
//   // This is currently not implemented on app based clients on mobile.
//       maxBitratesVideo: {
//           low: 200000,
//           standard: 500000,
//           high: 1500000
//       },
//
//   // The options can be used to override default thresholds of video thumbnail
//   // heights corresponding to the video quality levels used in the application. At
//   // the time of this writing the allowed levels are:
//   //     'low' - for the low quality level (180p at the time of this writing)
//   //     'standard' - for the medium quality level (360p)
//   //     'high' - for the high quality level (720p)
//   // The keys should be positive numbers which represent the minimal thumbnail
//   // height for the quality level.
//   //
//   // With the default config value below the application will use 'low' quality
//   // until the thumbnails are at least 360 pixels tall. If the thumbnail height
//   // reaches 720 pixels then the application will switch to the high quality.
//       minHeightForQualityLvl: {
//           360: 'standard',
//           720: 'high'
//       },
//
//   // Provides a way to resize the desktop track to 720p (if it is greater than
//   // 720p) before creating a canvas for the presenter mode (camera picture-in-
//   // picture mode with screenshare).
//       resizeDesktopForPresenter: false
//   },
//
//   // Options for the recording limit notification.
//   recordingLimit: {
//
//   // The recording limit in minutes. Note: This number appears in the notification
//   // text but doesn't enforce the actual recording time limit. This should be
//   // configured in jibri!
//       limit: 60,
//
//   // The name of the app with unlimited recordings.
//       appName: 'Unlimited recordings APP',
//
//   // The URL of the app with unlimited recordings.
//       appURL: 'https://unlimited.recordings.app.com/'
//   },

// Disables or enables RTX (RFC 4588) (defaults to false).
   // disableRtx: false,
```

```
// Disables or enables TCC (the default is in Jicofo and set to true) (draft-holmer-
// rmcat-transport-wide-cc-extensions-01). This setting affects congestion control,
// it practically enables send-side bandwidth estimations.
    // enableTcc: true,

// Disables or enables REMB (the default is in Jicofo and set to false) (draft-
// alvestrand-rmcat-remb-03). This setting affects congestion control, it practically
// enables recv-side bandwidth estimations. When both TCC and REMB are enabled, TCC
// takes precedence. When both are disabled, then bandwidth estimations are disabled.
    // enableRemb: false,

// Enables ICE restart logic in LJM and displays the page reload overlay on ICE
// failure. Current disabled by default because it's causing issues with signaling
// when Octo is enabled. Also when we do an "ICE restart"(which is not a real ICE
// restart), the client maintains the TCC sequence number counter, but the bridge
// resets it.
// The bridge sends media packets with TCC sequence numbers starting from 0.
    // enableIceRestart: false,

// Defines the minimum number of participants to start a call (the default is set in
// Jicofo and set to 2).
    // minParticipants: 2,

// Use TURN/UDP servers for the jitsi-videobridge connection (by default we filter
// out TURN/UDP because it is usually not needed since the bridge itself is reachable
// via UDP)
    // useTurnUdp: false

// Enables/disables a data communication channel with the Videobridge.
// Values can be 'datachannel', 'websocket', true (treat it as'datachannel'),
// undefined (treat it as 'datachannel') and false (don't open any channel).
    // openBridgeChannel: true,
    openBridgeChannel: 'websocket',


    // UI
    //

// Hides lobby button
    // hideLobbyButton: false,

// Require users to always specify a display name.
    // requireDisplayName: true,

// Whether to use a welcome page or not. In case it's false a random room will be
// joined when no room is specified.
    enableWelcomePage: true,

// Enabling the close page will ignore the welcome page redirection when a call is
// hangup.
    // enableClosePage: false,

// Disable hiding of remote thumbnails when in a 1-on-1 conference call.
    // disable1On1Mode: false,

// Default language for the user interface.
    // defaultLanguage: 'en',

// Disables profile and the edit of all fields from the profile settings (display
// name and email)
    // disableProfile: false,

// Whether or not some features are checked based on token.
    // enableFeaturesBasedOnToken: false,
```

```
// When enabled the password used for locking a room is restricted to up to the
// number of digits specified
    // roomPasswordNumberOfDigits: 10,
    // default: roomPasswordNumberOfDigits: false,

// Message to show the users. Example: 'The service will be down for maintenance at
// 01:00 AM GMT,
    // noticeMessage: '',

// Enables calendar integration, depends on googleApiApplicationClientID and
// microsoftApiApplicationClientID
    // enableCalendarIntegration: false,

// When 'true', it shows an intermediate page before joining, where the user can
// configure their devices.
    // prejoinPageEnabled: false,

// If true, shows the unsafe room name warning label when a room name is deemed
// unsafe (due to the simplicity in the name) and a password is not set or the lobby
// is not enabled.
    // enableInsecureRoomNameWarning: false,

// Whether to automatically copy invitation URL after creating a room.
// Document should be focused for this option to work
    // enableAutomaticUrlCopy: false,

    // Stats
    //

// Whether to enable stats collection or not in the TraceablePeerConnection.
// This can be useful for debugging purposes (post-processing/analysis of the webrtc
// stats) as it is done in the jitsi-meet-torture bandwidth estimation tests.
    // gatherStats: false,

// The interval at which PeerConnection.getStats() is called. Defaults to 10000
    // pcStatsInterval: 10000,

// To enable sending statistics to callstats.io you must provide the Application ID
// and Secret.
    // callStatsID: '',
    // callStatsSecret: '',

// Enables sending participants' display names to callstats
    // enableDisplayNameInStats: false,

// Enables sending participants' emails (if available) to callstats and other
// analytics
    // enableEmailInStats: false,

    // Privacy
    //

// If third party requests are disabled, no other server will be contacted.
// This means avatars will be locally generated and callstats integration will not
// function.
    // disableThirdPartyRequests: false,


// Peer-To-Peer mode: used (if enabled) when there are just 2 participants.
//

    p2p: {
// Enables peer to peer mode. When enabled the system will try to establish a direct
// connection when there are exactly 2 participants in the room. If that succeeds the
```

```
// conference will stop sending data through the JVB and use the peer to peer
// connection instead. When a 3rd participant joins the conference will be moved back
// to the JVB connection.
        enabled: true,

// The STUN servers that will be used in the peer to peer connections
        stunServers: [

            // { urls: 'stun:jitsi-meet.example.com:3478' },
            { urls: 'stun:meet-jit-si-turnrelay.jitsi.net:443' }
        ]

// Sets the ICE transport policy for the p2p connection. At the time of this writing
// the list of possible values are 'all' and 'relay', but that is subject to change
// in the future. The enum is defined in the WebRTC standard:
// https://www.w3.org/TR/webrtc/#rtcicetransportpolicy-enum.
// If not set, the effective value is 'all'.
        // iceTransportPolicy: 'all',

// If set to true, it will prefer to use H.264 for P2P calls (if H.264 is supported).
// This setting is deprecated, use preferredCodec instead.
        // preferH264: true

// Provides a way to set the video codec preference on the p2p connection.
// Acceptable codec values are 'VP8', 'VP9' and 'H264'.
        // preferredCodec: 'H264',

// If set to true, disable H.264 video codec by stripping it out of the SDP.
// This setting is deprecated, use disabledCodec instead.
        // disableH264: false,

// Provides a way to prevent a video codec from being negotiated on the p2p
// connection.
        // disabledCodec: '',

// How long we're going to wait, before going back to P2P after the 3rd participant
// has left the conference (to filter out page reload).
        // backToP2PDelay: 5
    },

    analytics: {
// The Google Analytics Tracking ID:
// googleAnalyticsTrackingId: 'your-tracking-id-UA-123456-1'

// Matomo configuration:
        // matomoEndpoint: 'https://your-matomo-endpoint/',
        // matomoSiteID: '42',

// The Amplitude APP Key:
        // amplitudeAPPKey: '<APP_KEY>'

// Configuration for the rtcstats server:
// By enabling rtcstats server every time a conference is joined the rtcstats module
// connects to the provided rtcstatsEndpoint and sends statistics regarding
// PeerConnection states along with getStats metrics polled at the specified
// interval.
        // rtcstatsEnabled: true,

// In order to enable rtcstats one needs to provide a endpoint url.
        // rtcstatsEndpoint: wss://rtcstats-server-pilot.jitsi.net/,

// The interval at which rtcstats will poll getStats, defaults to 1000ms.
// If the value is set to 0 getStats won't be polled and the rtcstats client will
// only send data related to RTCPeerConnection events.
        // rtcstatsPolIInterval: 1000
```

```
    // Array of script URLs to load as lib-jitsi-meet "analytics handlers".
         // scriptURLs: [
         //         "libs/analytics-ga.min.js", // google-analytics
         //         "https://example.com/my-custom-analytics.js"
         // ],
    },

    // Logs that should go be passed through the 'log' event if a handler is defined for
    // it
         // apiLogLevels: ['warn', 'log', 'error', 'info', 'debug'],

    // Information about the jitsi-meet instance we are connecting to, including the user
    // region as seen by the server.
         deploymentInfo: {
             // shard: "shard1",
             // region: "europe",
             // userRegion: "asia"
         },

    // Decides whether the start/stop recording audio notifications should play on
    // record.
         // disableRecordAudioNotification: false,

    // Information for the chrome extension banner
         // chromeExtensionBanner: {
    //     // The chrome extension to be installed address
    //     // url:'https://chrome.google.com/webstore/detail/jitsi-meetings/
    kglhbbefdnlheedjiejgomgmfplipfeb',

    //     // Extensions info which allows checking if they are installed or not
    //         chromeExtensionsInfo: [
    //             {
    //                 id: 'kglhbbefdnlheedjiejgomgmfplipfeb',
    //                 path: 'jitsi-logo-48x48.png'
    //             }
    //         ]
    //     },

         // Local Recording
         //

         // localRecording: {
    // Enables local recording.
    // Additionally, 'localrecording' (all lowercase) needs to be added to
    // TOOLBAR_BUTTONS in interface_config.js for the Local Recording button to show up
    // on the toolbar.
    //
    //         enabled: true,
    //

    // The recording format, can be one of 'ogg', 'flac' or 'wav'.
    //         format: 'flac'
    //

         // },

    // Options related to end-to-end (participant to participant) ping.
         // e2eping: {
    //     // The interval in milliseconds at which pings will be sent.
    //     // Defaults to 10000, set to <= 0 to disable.
    //         pingInterval: 10000,
    //
    //     // The interval in milliseconds at which analytics events with the measured RTT
    //     // will be sent. Defaults to 60000, set to <= 0 to disable.
```

```
    //    analyticsInterval: 60000,
    //    },

// If set, will attempt to use the provided video input device label when triggering
// a screenshare, instead of proceeding through the normal flow for obtaining a
// desktop stream.
// NOTE: This option is experimental and is currently intended for internal use only.
    // _desktopSharingSourceDevice: 'sample-id-or-label',

// If true, any checks to handoff to another application will be prevented and
// instead the app will continue to display in the current browser.
    // disableDeepLinking: false,

// A property to disable the right click context menu for localVideo the menu has
// option to flip the locally seen video for local presentations
    // disableLocalVideoFlip: false,

    // Mainly privacy related settings

// Disables all invite functions from the app (share, invite, dial out...etc)
    // disableInviteFunctions: true,

// Disables storing the room name to the recents list
    // doNotStoreRoom: true,

// Deployment specific URLs.
    // deploymentUrls: {
    //    // If specified a 'Help' button will be displayed in the overflow menu with a
    //    // link to the specified URL for user documentation.
    //        userDocumentationURL: 'https://docs.example.com/video-meetings.html',
    //    // If specified a 'Download our apps' button will be displayed in the overflow
    //    // menu with a link to the specified URL for an app download page.
    //        downloadAppsUrl: 'https://docs.example.com/our-apps.html'
    //    },

// Options related to the remote participant menu.
    // remoteVideoMenu: {
    //    // If set to true the 'Kick out' button will be disabled.
    //        disableKick: true
    //    },

// If set to true all muting operations of remote participants will be disabled.
    // disableRemoteMute: true,

/**
    External API url used to receive branding specific information.
    If there is no url set or there are missing fields, the defaults are applied.
    None of the fields are mandatory and the response must have the shape:
    {
// The hex value for the colour used as background
        backgroundColor: '#fff',
// The url for the image used as background
        backgroundImageUrl: 'https://example.com/background-img.png',
// The anchor url used when clicking the logo image
        logoClickUrl: 'https://example-company.org',
// The url used for the image used as logo
        logoImageUrl: 'https://example.com/logo-img.png'
    }
*/
    // brandingDataUrl: '',

// The URL of the moderated rooms microservice, if available. If it is present, a
// link to the service will be rendered on the welcome page, otherwise the app
// doesn't render it.
    // moderatedRoomServiceUrl: 'https://moderated.jitsi-meet.example.com',
```

```
// List of undocumented settings used in jitsi-meet
/**
    _immediateReloadThreshold
    debug
    debugAudioLevels
    deploymentInfo
    dialInConfCodeUrl
    dialInNumbersUrl
    dialOutAuthUrl
    dialOutCodesUrl
    disableRemoteControl
    displayJids
    etherpad_base
    externalConnectUrl
    firefox_fake_device
    googleApiApplicationClientID
    iAmRecorder
    iAmSipGateway
    microsoftApiApplicationClientID
    peopleSearchQueryTypes
    peopleSearchUrl
    requireDisplayName
    tokenAuthUrl
*/

/**
 * This property can be used to alter the generated meeting invite links (in
 * combination with a branding domain which is retrieved internally by jitsi meet)
 * (e.g. https://meet.jit.si/someMeeting can become https://brandedDomain/roomAlias)
 */
    // brandingRoomAlias: null,

// List of undocumented settings used in lib-jitsi-meet
/**
    _peerConnStatusOutOfLastNTimeout
    _peerConnStatusRtcMuteTimeout
    abTesting
    avgRtpStatsN
    callStatsConfIDNamespace
    callStatsCustomScriptUrl
    desktopSharingSources
    disableAEC
    disableAGC
    disableAP
    disableHPF
    disableNS
    enableLipSync
    enableTalkWhileMuted
    forceJVB121Ratio
    hiddenDomain
    ignoreStartMuted
    nick
    startBitrate
    */

// Allow all above example options to include a trailing comma and prevent fear when
// commenting out the last value.
    makeJsonParserHappy: 'even if last key had a trailing comma'

// no configuration value should follow this line.
};

/* eslint-enable no-unused-vars, no-var */
```

Opzioni disponibili per URL e *iframes*[134]

```
import extraConfigWhitelist from './extraConfigWhitelist';

/**
 * The config keys to whitelist, the keys that can be overridden.
 * Currently we can only whitelist the first part of the properties, like
 * 'p2p.enabled' we whitelist all p2p options.
 * The whitelist is used only for config.js.
 *
 * @type Array
 */
export default [
    '_desktopSharingSourceDevice',
    '_peerConnStatusOutOfLastNTimeout',
    '_peerConnStatusRtcMuteTimeout',
    'abTesting',
    'analytics.disabled',
    'audioLevelsInterval',
    'apiLogLevels',
    'avgRtpStatsN',

    /**
     * The display name of the CallKit call representing the conference/meeting
     * associated with this config.js including while the call is ongoing in the
     * UI presented by CallKit and in the system-wide call history. The property
     * is meant for use cases in which the room name is not desirable as a
     * display name for CallKit purposes and the desired display name is not
     * provided in the form of a JWT callee. As the value is associated with a
     * conference/meeting, the value makes sense not as a deployment-wide
     * configuration, only as a runtime configuration override/overwrite
     * provided by, for example, Jitsi Meet SDK for iOS.
     *
     * @type string
     */
    'callDisplayName',
    'callFlowsEnabled',

    /**
     * The handle
     * ({@link https://developer.apple.com/documentation/callkit/cxhandle}) of
     * the CallKit call representing the conference/meeting associated with this
     * config.js. The property is meant for use cases in which the room URL is
     * not desirable as the handle for CallKit purposes. As the value is
     * associated with a conference/meeting, the value makes sense not as a
     * deployment-wide configuration, only as a runtime configuration
     * override/overwrite provided by, for example, Jitsi Meet SDK for iOS.
     *
     * @type string
     */
    'callHandle',
    'callStatsConfIDNamespace',
    'callStatsID',
    'callStatsSecret',

    /**
     * The UUID of the CallKit call representing the conference/meeting
```

---

134. *Jitsi Meet*, (*github*), *ConfigWhitelist.js*
[*https://github.com/jitsi/jitsi-meet/blob/master/react/features/base/config/configWhitelist.js*].

```
 * associated with this config.js. The property is meant for use cases in
 * which Jitsi Meet is to work with a CallKit call created outside of Jitsi
 * Meet and to be adopted by Jitsi Meet such as, for example, an incoming
 * and/or outgoing CallKit call created by Jitsi Meet SDK for iOS
 * clients/consumers prior to giving control to Jitsi Meet. As the value is
 * associated with a conference/meeting, the value makes sense not as a
 * deployment-wide configuration, only as a runtime configuration
 * override/overwrite provided by, for example, Jitsi Meet SDK for iOS.
 *
 * @type string
 */
'callUUID',

'channelLastN',
'constraints',
'brandingRoomAlias',
'debug',
'debugAudioLevels',
'defaultLanguage',
'desktopSharingFrameRate',
'desktopSharingSources',
'disable1On1Mode',
'disableAEC',
'disableAGC',
'disableAP',
'disableAudioLevels',
'disableDeepLinking',
'disableH264',
'disableHPF',
'disableInviteFunctions',
'disableLocalVideoFlip',
'disableNS',
'disableProfile',
'disableRemoteControl',
'disableRemoteMute',
'disableRtx',
'disableSimulcast',
'disableSuspendVideo',
'disableThirdPartyRequests',
'displayJids',
'doNotStoreRoom',
'e2eping',
'enableDisplayNameInStats',
'enableEmailInStats',
'enableIceRestart',
'enableInsecureRoomNameWarning',
'enableLayerSuspension',
'enableLipSync',
'enableOpusRed',
'enableRemb',
'enableScreenshotCapture',
'enableTalkWhileMuted',
'enableNoAudioDetection',
'enableNoisyMicDetection',
'enableTcc',
'enableAutomaticUrlCopy',
'etherpad_base',
'failICE',
'feedbackPercentage',
'fileRecordingsEnabled',
'firefox_fake_device',
'forceJVB121Ratio',
'gatherStats',
'googleApiApplicationClientID',
'hiddenDomain',
```

```
        'hideLobbyButton',
        'hosts',
        'iAmRecorder',
        'iAmSipGateway',
        'iceTransportPolicy',
        'ignoreStartMuted',
        'liveStreamingEnabled',
        'localRecording',
        'maxFullResolutionParticipants',
        'minParticipants',
        'nick',
        'openBridgeChannel',
        'opusMaxAverageBitrate',
        'p2p',
        'pcStatsInterval',
        'preferH264',
        'prejoinPageEnabled',
        'requireDisplayName',
        'remoteVideoMenu',
        'roomPasswordNumberOfDigits',
        'resolution',
        'startAudioMuted',
        'startAudioOnly',
        'startBitrate',
        'startScreenSharing',
        'startSilent',
        'startVideoMuted',
        'startWithAudioMuted',
        'startWithVideoMuted',
        'stereo',
        'subject',
        'testing',
        'useTurnUdp',
        'videoQuality.persist',
        'webrtcIceTcpDisable',
        'webrtcIceUdpDisable'
].concat(extraConfigWhitelist);
```

User Guide (advanced)[135]

Il *link* di invito, per una sessione di videoconferenza, consente l'integrazione di parametri al fine di sboccare le funzioni desiderate (vale per le versioni *web*, *iframe* e *mobile*).
Il parametro ha prefisso `config.` seguito dal segno = e da una **chiave** (*key*).
Il simbolo **&** separa più parametri.

Esempio. URL con due parametri.

> *https://DNSPropriaIstanzaJitsi#config.defaultLanguage=en&config.minParticipants=3*

Inviti

These parameters affect how you can invite people either before or within a session.

Key	Value	Effect
`disableInviteFunctions`	`true`	disable invite function of the app
`minParticipants`	`2`	override the minimum number of participants before starting a call
`prejoinPageEnabled`	`true`	show an intermediate page before joining to allow for adjustment of devices

UI (*User Interface*)

These parameters have an effect on the user interface.

Key	Value	Effect
`defaultLanguage`	`en`	change the UI default language
`disableThirdPartyRequests`	`true`	generate avatars locally and disable callstats integration
`enableDisplayNameInStats`	`true`	send display names of participants to callstats
`enableEmailInStats`	`true`	send email (if available) to callstats and other analytics
`enableInsecureRoomNameWarning`	`true`	show a warning label if the room name is deemed insecure

---

135. *Jitsi Meet Handbook, User Guide (advanced)*, [*https://jitsi.github.io/handbook/docs/user-guide/user-guide-advanced*].

Video

Use these parameters to influence the video of a session.

Key	Value	Effect
desktopSharingFrameRate.min	5	override the minimum framerate for desktop sharing
desktopSharingFrameRate.max	5	override the maximum framerate for desktop sharing
startVideoMuted	true	disable video when joining

Audio

Use these parameters to influence the audio of a session.

Key	Value	Effect
disableAudioLevels	true	disable audio statistics polling (thereby perhaps improving performance)
disableRemoteMute	true	disable all muting operations of remote participants
startAudioMuted	true	turn off audio input when joining
startSilent	true	mute audio input and output

Appendice

Sigle e Abbreviazioni

cfr.	confronta
es.	esempio
img	immagine
p., pag	pagina
pp.	pagine
ca	California

Acronimi

CA	Certificate Authority
DHCP	Dynamic Host Configuration Protocol
DNS	Domain Name System
EFF	Electronic Frontier Foundation
FAQ	Frequent Asked Questions
FQDN	Fully Qualified Domain Name
HD	High Definition
HTTPS	HyperText Transfer Protocol over Secure socket layer
ICANN	Internet Corpation for Assigned Names and Numbers
iOS	iphone Operative System
IP	Internet Protocol address
jicofo	JItsi COnference FOcus
jigasi	JItsi GAteway SIp
jvb	Jitsi VideoBridge
ISRG	Internet Security Research Group
LD	Low Definition
LFS	Linux From Scratch

LTS	Long Term Support
NAT	Network Address Translation
OS	Operative System
PG	Privacy Guard
RTC	Real Time Communication
SD	Standard Definition
SO	Sistema Operativo
SSH	Secure SHell
SSL	Secure Socket Layer
StudiUM	Studi UManistici
STUN	Session Traversal Utilities for Network address translators
TCP	Transmission Control Protocol
TdR	Tecnico della Ricerca
TLS	Transport Layer Security
TURN	Traversal Using Relays around Network address translators
UDP	User Datagram Protocol
UFW	Uncomplicated FireWall
UI	User Interface
UNITO	UNIversità degli studi di TOrino
URL	Uniform Resource Locator
VPS	Virtual Private Server
XMPP	eXtensible Messagging and Presence Protocol

Immagini

Capitolo 2
Configurazione e connessione

Capitolo 3
Dentro la videoconferenza

Capitolo 4
Strumenti per i partecipanti

Capitolo 5
Strumenti per relatori

Capitolo 6
Strumenti di amministrazione per il moderatore

Capitolo 7
Opzioni avanzate per tecnici

Capitolo 8
Jitsi e dispositivi *Android*

Capitolo 9
Risorse per sviluppatori

Capitolo 10
Debian e *Ubuntu Jitsi server*

Altri applicativi per videoconferenza

Cisco Webex Meetings

Software proprietario a pagamento.

Discord

https://discord.com/
https://it.wikipedia.org/wiki/Discord_(software)

Software proprietario con uso gratuito
App per Linux, Mac, Windows, Android, iOS
Utilizzo da web browser all'indirizzo:
https://discord.com/login

Ekiga

https://ekiga.org/
https://it.wikipedia.org/wiki/Ekiga

Software open source
App per Linux, Mac, Windows

Facebook e Messenger

https://it-it.facebook.com/
https://www.messenger.com/
https://it.wikipedia.org/wiki/Facebook_Messenger

Software proprietario con uso gratuito
Accordo con Skype
App per Android, iOS
Utilizzo da web browser

FaceTime

---

https://it.wikipedia.org/wiki/FaceTime

Software proprietario con uso gratuito
Limite massimo di 32 partecipanti
App per iOS

Houseparty

---

https://houseparty.com/

Software proprietario con uso gratuito
Limite massimo di 8 partecipanti
App per Mac, Android, iOS
Utilizzo da web browser con estensione per Google Chrome

Google Duo

---

https://duo.google.com/about/
https://it.wikipedia.org/wiki/Google_Duo

Software proprietario con uso gratuito
Limite massimo di 32 partecipanti
App per Android e iOS
Utilizzo da web browser

Google Meet

---

https://meet.google.com/
https://it.wikipedia.org/wiki/Google_Meet

Software proprietario con uso gratuito
Limite massimo di 100 partecipanti
App per Android e iOS
Utilizzo da web browser

Skype

https://it.wikipedia.org/wiki/Skype
https://www.skype.com/it/

Software proprietario con uso gratuito
Limite massimo di 50 partecipanti
App per Linux, Mac, Windows, Android e iOS

WhatsApp

https://www.whatsapp.com/
https://it.wikipedia.org/wiki/WhatsApp

Software proprietario con uso gratuito
Limite massimo di 8 partecipanti
App per Windows, Mac, Android, iOS
Utilizzo da web browser tramite WhatsApp Web all'indirizzo
https://web.whatsapp.com/

Zoom

https://zoom.us/
https://it.wikipedia.org/wiki/Zoom_Video_Communications#Zoom_Video

Software proprietario con uso gratuito
Limite massimo di 100 partecipanti
App per Linux, Mac, Windows, Android e iOS
Utilizzo da web browser all'indirizzo:
https://zoom.us/meetings

Webgrafia[136]

Documenti

- Pagina *web* della documentazione ufficiale di *Jitsi*,
https://jitsi.org/
- Guida ufficiale di *Jitsi*,
https://jitsi.github.io/handbook/docs/intro
- *User Guide* (opzioni avanzate),
https://jitsi.github.io/handbook/docs/user-guide/user-guide-advanced
- FAQ (*Frequent Asked Questions*),
https://jitsi.github.io/handbook/docs/faq
- *Jitsi Architecture*,
https://jitsi.github.io/handbook/docs/architecture
- *Jitsi Project*,
https://jitsi.org/projects/
- Wiki (deprecato),
https://github.com/jitsi/jitsi-meet/wiki
- Wikibook, Guide a *Jitsi*,
https://it.wikibooks.org/wiki/Software_libero_a_scuola/Collaborare_in_modo_sincrono
- *Creare un live streaming con un codificatore*,
https://support.google.com/youtube/answer/2907883?hl=it

---

136. I siti *web*, menzionati nella pubblicazione, sono stati consultati in data 30 novembre 2020. Il termine *webgrafia* è preferito a *sitografia*, in quanto comprende, oltre ai classici siti, anche riferimenti a servizi, pubblicazioni, articoli e altri materiali in rete.

Jitsi installazione

- *Self-Hosting Guide*, installazione di *Jitsi server*
https://jitsi.github.io/handbook/docs/devops-guide/devops-guide-start
- Wikibook, *Jitsi, https://it.wikibooks.org/wiki/Software_libero_a_scuola/Jitsi*
- Wikibook, *Jitsi, insallazione su VPS*,
https://it.wikibooks.org/wiki/Software_libero_a_scuola/Jitsi-installazione-su-vps
- Installazione di *Jitsi* sul proprio server.
https://it.wikibooks.org/wiki/Software_libero_a_scuola/Jitsi-installazione-su-vps
- *How to Create Your Own Video Conference Server using Jitsi Meet on Ubuntu 18.04*
https://www.howtoforge.com/tutorial/how-to-create-your-own-video-conference-using-jitsi-meet-on-ubuntu-1804/
- *Jitsi Meet Handbook, Setting up Turn,*
https://jitsi.github.io/handbook/docs/devops-guide/turn
- *Coturn, https://github.com/coturn/coturn. Implementazione open source di server TURN e STUN.*
- *Ubuntu wiki, Sicurezza Ufw, https://wiki.ubuntu-it.org/Sicurezza/Ufw*
- *Appunti Linux,* "paragrafo 47.2",
http://www.science.unitn.it/~fiorella/AppuntiLinux/al-47.html
Il file "/etc/resolv.conf" viene usato per conoscere gli indirizzo dei server DNS.
- *Il Manuale dell'Amministratore Debian,* "paragrafo 8.3, Impostare il nome host e configurare il servizio dei nomi",
https://www.debian.org/doc/manuals/debian-handbook/sect.hostname-name-service.it.html
- *How to make the internet not suck (as much) – 0.0.0.0 version,*
https://someonewhocares.org/hosts/zero/
- *How to customize meeting options,*
https://community.jitsi.org/t/how-to-how-to-customize-meeting-options/74665
- *User Interface, iframe Example,*
https://github.com/jitsi/jitsi-meet/blob/master/doc/examples/api.html
- *Jitsi Meet, (github), interface_config.js,*
https://github.com/jitsi/jitsi-meet/blob/master/interface_config.js
- *Jitsi Meet, (github), interfaceConfigWhitelist.js*
https://github.com/jitsi/jitsi-meet/blob/master/react/features/base/config/interfaceConfigWhitelist.js
- *Jitsi Meet, (github), config.js, https://github.com/jitsi/jitsi-meet/blob/master/config.js*
- *Jitsi Meet, (github), ConfigWhitelist.js*
https://github.com/jitsi/jitsi-meet/blob/master/react/features/base/config/configWhitelist.js
- *Jitsi Meet Handbook, User Guide (advanced), https://jitsi.github.io/handbook/docs/user-guide/user-guide-advanced*

Video tutorial
Ubuntu e Debian Jitsi Server

https://jitsi.github.io/handbook/docs/devops-guide/devops-guide-videotutorials

- *Installing Jitsi Meet on your own Linux Server*
https://jitsi.org/blog/new-tutorial-installing-jitsi-meet-on-your-own-linux-server

- *How to Load Balance Jitsi Meet*
https://jitsi.org/blog/tutorial-video-how-to-load-balance-jitsi-meet/

- *Scaling Jitsi Meet in the Cloud*
https://jitsi.org/blog/new-tutorial-video-scaling-jitsi-meet-in-the-cloud/

Enti

- Università degli Studi di Torino
https://www.unito.it/

- Dipartimento di Studi Umanistici
https://www.studium.unito.it/do/home.pl

Istanze *Jitsi*

- Istanza ufficiale di *Jitsi, https://meet.jit.si*
- *Jitsi Meet Instances, https://github.com/jitsi/jitsi-meet/wiki/Jitsi-Meet-Instances*
- *ADN56, Les outils,*
https://adn56.net/wiki/index.php?title=La_visio_conf%C3%A9rence#Les_outils
- *Framatalk, List of Jitsi Meet instances, https://framatalk.org/accueil/en/info/*
- *Chaos Computer Club, Plubic pad, https://pads.ccc.de/jitsiliste*
- *favstarmafia, Jitsi Instanzen, https://fediverse.blog/~/DonsBlog/videochat-server*
- *flavoursofopen, community-run jit.si istances,*
https://hackmd.io/Vl23_E0mQ6abyoN9GFORww

Sotware

Sistemi operativi

- *Ubuntu, https://www.ubuntu-it.org/, https://ubuntu.com/*
- *Debian, https://www.debian.org/index.it.html*
- *Ubuntu* wiki, *Repository, https://wiki.ubuntu-it.org/Repository.* "I repository sono archivi web nei quali vengono raggruppati i pacchetti software installabili su Ubuntu".
- LFS, *Linux From Scratch*
http://www.linuxfromscratch.org/lfs/

Software prerequisito installazione Jitsi

- *curl, https://curl.haxx.se/*
- *FFmpeg, https://ffmpeg.org/*
- *GnuPG, Gnu Privacy Guard, https://gnupg.org/*
- *Let's Encript, https://letsencrypt.org/*
- *Certbot, https://certbot.eff.org/*
- *OpenSSH, https://www.openssh.com/.* Open Secure Shell
- *Nginx web server, https://www.nginx.com/*

Browser

- *Chromium browser, https://www.chromium.org/Home*
- *Google Chrome, https://www.google.it/intl/it/chrome/*

Software Jitsi

- *Jitsi Meet, https://jitsi.org/jitsi-meet/*
- *Jitsi Videobridge (jvb), https://jitsi.org/jitsi-videobridge/*
- *Jitsi Conference Focus (jicofo), https://github.com/jitsi/jicofo*
- *Jitsi Gateway to SIP (jigasi), https://github.com/jitsi/jigasi*
- *Jibri, https://github.com/jitsi/jibri*
- *Prosody, https://prosody.im/*
- *OBS Studio, https://obsproject.com/* (Software di streaming e registrazione)
- WebRTC, *https://it.wikipedia.org/wiki/WebRTC*

Servizi complementari per il funzionamento di Jitsi

- *freenom, https://www.freenom.com/it/index.html?lang=it.* Offre nomi di dominio gratuiti.
- *YouTube, https://www.youtube.com/?hl=it&gl=IT*
- *Dropbox, https://www.dropbox.com/it/*

Altri applicativi per videoconferenza

- *Cisco Webex Meetings, https://www.webex.com/it/video-conferencing.html*
- *Discord, https://discord.com/*
- *Ekiga, https://ekiga.org/*
- *Facebook, https://it-it.facebook.com/*
- *FaceTime, https://it.wikipedia.org/wiki/FaceTime*
- *Google Meet, https://meet.google.com/*
- *Google Duo, https://duo.google.com/about/*
- *Houseparty, https://houseparty.com/*
- *Messenger, https://www.messenger.com/*
- *Skype, https://www.skype.com/it/*
- *WhatsApp, https://www.whatsapp.com/*
- *Zoom, https://zoom.us/*

Wikipedia

- Wikipedia, *Classi di indirizzi IP, https://it.wikipedia.org/wiki/Classi_di_indirizzi_IP*
- Wikipedia, *Debian, https://it.wikipedia.org/wiki/Debian*
- Wikipedia, *Domain Name System, https://it.wikipedia.org/wiki/Domain_Name_System*
- Wikipedia, *Dynamic DNS, https://it.wikipedia.org/wiki/Dynamic_DNS*
- Wikipedia, *Dynamic Host Configuration Protocol, https://it.wikipedia.org/wiki/Dynamic_Host_Configuration_Protocol*
- Wikipedia, *FFmpeg, https://it.wikipedia.org/wiki/FFmpeg*
- Wikipedia, *Firewall, https://it.wikipedia.org/wiki/Firewall*
- Wikipedia, *FQDN, https://it.wikipedia.org/wiki/FQDN*
- Wikipedia, *GNU Privacy Guard, https://it.wikipedia.org/wiki/GNU_Privacy_Guard*
- Wikipedia, *HTTPS, https://it.wikipedia.org/wiki/HTTPS*
- Wikipedia, *ICANN, https://it.wikipedia.org/wiki/ICANN, Autorità per l'assegnazione e la regolamentazione degli indirizzi IP pubblici.*
- Wikipedia, *Indirizzo IP, https://it.wikipedia.org/wiki/Indirizzo_IP*
- Wikipedia, *Indirizzo IP privato, https://it.wikipedia.org/wiki/Indirizzo_IP_privato*
- Wikipedia, *Indirizzo IP pubblico, https://it.wikipedia.org/wiki/Indirizzo_IP_pubblico*
- *Wikipedia, Let's Encrypt, https://it.wikipedia.org/wiki/Let%27s_Encrypt*
- Wikipedia, *Linux, https://it.wikipedia.org/wiki/Linux*
- Wikipedia, *Network address translation, https://it.wikipedia.org/wiki/Network_address_translation*
- Wikipedia, *nginx, https://it.wikipedia.org/wiki/Nginx*
- Wikipedia, *Porta (reti), https://it.wikipedia.org/wiki/Porta_(reti)*
- Wikipedia, *Root (informatica), https://it.wikipedia.org/wiki/Root_(informatica)*
- Wikipeida, *Root (utente), https://it.wikipedia.org/wiki/Root_(utente)*
- Wikipedia, *Secure Shell, https://it.wikipedia.org/wiki/Secure_Shell*
- Wikipedia, *Shell, https://it.wikipedia.org/wiki/Shell_(informatica)*
- Wikipedia, *SIP, Session Initiation Protocol, https://it.wikipedia.org/wiki/Session_Initiation_Protocol*
- Wikipedia, *STUN, https://it.wikipedia.org/wiki/STUN*
- Wikipedia, *Sudo, [https://it.wikipedia.org/wiki/Sudo].*
- Wikipedia, *Transmission Control Protocol, https://it.wikipedia.org/wiki/Transmission_Control_Protocol*
- Wikipedia, *Transport Layer Security, https://it.wikipedia.org/wiki/Transport_Layer_Security*
- Wikipedia, *Traversal Using Relays around NAT, https://en.wikipedia.org/wiki/Traversal_Using_Relays_around_NAT*
- Wikipedia, *Ubuntu, https://it.wikipedia.org/wiki/Ubuntu*
- Wikipedia, *Uncomplicated Firewall, https://it.wikipedia.org/wiki/Uncomplicated_Firewall*
- Wikipedia, *User Datagram Protocol, https://it.wikipedia.org/wiki/User_Datagram_Protocol*
- Wikipedia, *WebRTC, https://it.wikipedia.org/wiki/WebRTC*

www.ingramcontent.com/pod-product-compliance
Lightning Source LLC
Chambersburg PA
CBHW071137050326
40690CB00008B/1494